单身旅行

带着偏见上路

姚安妮 著

文匯出版社

你去过的地方
都会成为你的一部分

001	前言
021	"世界尽头"乌特恰格维克
051	"死亡之路":道尔顿公路
073	车轮上的国家
105	我吃,故我在
135	总统图书馆
163	亚特兰大与《飘》
195	耶路撒冷的美与愁
245	偶遇大明星
279	后记

前言

2021年夏天,我受邀参加了一场直播,主题是"女性力量",话题从女性的职业感、姐弟恋,到单身女性的幸福度等,其间还聊到了旅行。没想到谈话内容引起了文汇出版社的兴趣,他们希望我能把旅行经历写成书。

我当时认为这是不可能的事。

一来写书在我心目中是件非常高的事,我自认才华有限,二来老爸刚搬来跟我一起住不久,他本来自理能力就一般,加上年纪大了身体也不是很好,就更加需要人照顾,因此我工作之余还要忙乎一日三餐,时不时还得陪他去医院看病,累得只想躺下,哪还有时间和精力写作。

但出版社认为,旅行历来被打上了"男性"的标签,旅行书反映的也一直是男性眼里的世界,女性如何看待世界是一个缺失。经不住出版社的鼓励,我把自己在北极圈内城市乌特恰格维克(Utqiagvik)旅行的经历写成文章,发给了出

乌特恰格维克的标志——鲸鱼骨

版社。乌特恰格维克是因纽特人的居住地，特殊的人群、特殊的地理位置，使它有着与美国本土以及阿拉斯加完全不同的风貌，用美国人的话说，那里至少落后25年。

出版社编辑看完回了我三个字"非常好"，还说这就是他们想要的。我受到鼓舞，加上新冠疫情期间哪儿也去不了，就想把过去十年在美国和其他地方自驾游的所见所闻所思所想做个总结也好。

整个写作过程愉快但并不轻松，有时还很焦虑，因为只能利用各种边角料时间来完成，常常刚坐下打开电脑没写几行字，就又不得不起身忙各种家务事。父亲说，写文章最怕思路断，他当年写稿，会跟母亲说："接下来一个小时你别找我，天大的事等我走出书房再说。"然而我不能跟父亲这么说，我也不能让他饿着，买菜做饭洗衣看病买药这些事似乎哪样都不能等。女性要做点事，实在比男性更为艰难。男性可以置之不理的事，女性都得担着。

所以旅行对于我来说，不是爱好，是刚需。它是我沉闷生活的一种点缀，也是我暂时摆脱尘世责任

美国死亡谷国家公园

的一种释放。很多时候觉得自己成了工作机器,努力赚钱努力还贷,不敢放松不敢娱乐,如果再不出去走走就要崩溃了,而旅行是唯一可以拯救自己的方式。旅行归来,吸了大地精华,满血复活,才能重新投入千篇一律的生活。

"在路上"对我有着非常大的吸引力,虽然大部分时候我都是一个人行走在路上。经常有同事或朋友问我,你一个人去那么偏远的地方,开那么长时间的车,不孤单吗?不累吗?万一车坏了怎么办?

我从来没有担心过这些问题。我不是一个喜欢热闹的人,开车对我来说也不是什么辛苦事,特别是行驶在远离闹市、没有拥堵、只有山川河流的地方。当然我也不会去真正

美国大峡谷国家公园

的荒山野岭、不毛之地,但凡有路、有住宿的地方,其实都不算是荒无人烟。我不是探险家,我也不求吃苦,我只是渴望体验不同,哪怕旅途寂寥。

有些人会给自己设定目标,比如在多少岁之前走遍多少个国家之类,他们把旅行当成工作或生活,越少人去的地方越感到刺激。我不是他们中的一员。我不介意一遍遍地跑同

一个国家，比如美国。美国地方大，各地风情不同，我每次去一小片区，每次去半个多月，几年下来，就把美国的东西南北中都跑了个遍。

为什么是美国？嗯……因为十年签很好用。说走就走，对现代人来说有着致命吸引力。也因为作为车轮上的国家，美国有着非常完善的自驾游配套设施，包括租车还车加油住宿等，但凡你想要的服务都有提供，你担心的问题都有解决方案，又很少有过路费，可以自由轻松地前往各大国家公园。美国的国家公园大都地处偏僻，面积巨大，没有车万万不行。

这几年国内租车行业兴起，道路建设迅猛，让自驾游也成为可能，但在便捷程度上仍有提升空间。2020年我在云南旅行，租了一辆车，车子没有任何问题，但还车时公司恰好没人，无法交接。最后我只能把车钥匙留在酒店大堂。虽然问题也得以解决，但这种情况在美国是不可能发生的，即使你赶早班飞机，租车公司无人上班，也有办法交接车辆。租车公司早已把一切可能的状况都考虑在内，会给予用户最大便利。而且美国的管理方式是尽量减少人力沟通成本，而不是动用人海战术。在国内租车我曾拿到过油箱只有不到一半油的车，租车合同里也没有记录说明，打电话过去公司还觉得这有什么关系呢，何必那么较真。然后还车的时候就得很麻烦地计算油钱，这对双方都是不必要的消耗，这种情况在美国也不可能发生。两地最大的区别可能在于，美国人看重时间，担心用户嫌麻烦耗时而吓跑，中国人看重价格，所以时常打价格战，却较少考虑用户的时间成本。

当然中国租车行业目前还在抢市场阶段，有点鱼龙混杂，大小租车公司之间的实力差异已很明显。也许过不了多久，中国也会像美国一样，出现 Rental cars、Hertz、Alamo、Dollar 等几大公司分庭抗礼的局面。希望如此，千万别一家独大，赢者通吃。垄断对消费者来说不是什么好事。

美国没有美食，胖子也多，而且枪击案频发，这些都不是吸引游客的利好因素。但我们对美国感兴趣，是因为这里发生的每件事都对全球产生巨大影响，无论是科技还是娱乐。美国作为唯一的超级大国，也有很多别的国家看不到的东西。比如美国非常擅长"工厂游"，也叫工业旅游。可口可乐、好时巧克力、百威啤酒、波音工厂、糖果厂、印钞厂，甚至矿场……但凡你能想到的行业，美国都有地方展示给你看，种类之繁多，规模之庞大，设计之成熟，令人惊叹。美国人自己也会全家一起前往参观，度过难忘的一天。

密苏里州百威啤酒厂

参观流程都差不多。去密苏里州的百威啤酒厂,可以知道一杯啤酒需要经过哪些工艺和流水线才能制成,参观完毕还能坐下免费喝一杯,门票里就含着啤酒的价钱。在亚特兰大的可口可乐公司总部,各种口味的可乐可以喝到饱。而在位于西雅图的波音工厂,我第一次听到了他们的宣传口号——If it's not Boeing, I'm not going(非波音,不出门)。人们可以参观巨大的装配车间,747、777和787飞机就在你眼前,尺寸之大,令人印象深刻。

不光是制造业,新闻生产线也能供人参观。我去了位于亚特兰大的CNN总部,他们专门设了一条观光通道,参观者通过透明玻璃可以看到现场编辑室的工作情况,也能进入模拟的演播室,了解主持人的工作流程。在电视台工作的人可能觉得这些都稀松平常,

CNN模拟演播室

但局外人就很有兴趣，每天参观人群络绎不绝，还会向导游提出很多问题。一张门票 15 美元，参观结束还可以免费喝一杯咖啡。不过现在门票涨了，咖啡也取消了。美国人的格局是越来越小了。当然礼品店仍在，可以买一些带 logo 的小纪念品。这也是美国所有展馆必备项目。

美国可能是这个世界上最不掩饰爱国主义的国家。其他发达国家的人如北欧人，即使享受着更好的社会福利、工作时间更少、有更好的向上流动机会，也不如美国人爱国。有个笑话是，如果让美国人唱国歌，他哼几句后会说"我没跑调吧"，而你让英国人这么做，他会觉得你有病。

肯尼迪航天中心

与欧洲人厌倦政治、喜欢讽刺挖苦不同，美国人是真的相信美国是最伟大的国家，它的一切都是最先进的，全世界都应该遵循美国模式。这可能也是"工厂游"的起因，他们乐于展示自己的成就。

休斯敦航天中心

美国现有十几个航天中心对外开放,其中最有名的莫过于位于佛罗里达的肯尼迪航天中心和位于得克萨斯州休斯敦的林登·约翰逊航天中心。航天中心也是"工厂游"的一部分。在这里参观,你能感受到浓浓的爱国主义基地的味道,特别是在肯尼迪航天中心,参观者进去就得看一段内部影片。影片第一句话大意是:"苏联发射了一颗卫星,就在我们头顶,这太可怕了,这对美国是个巨大威胁……"

这不禁让人哑然失笑。美国从来不觉得自己是个威胁,它做什么都可以,但别人做了同样的事就是威胁。这种意识

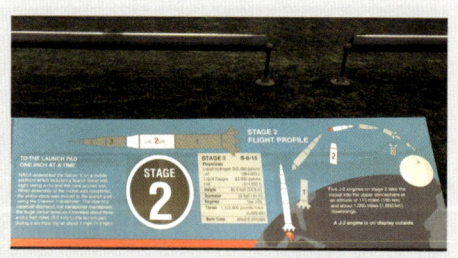

休斯敦航天中心

单身旅行

形态左右着美国的政治，使它无法有平常心。不过美国人的高明在于，他们可以把"工厂游"做得很好玩，让你既长知识又长见识，花了钱还觉得值。拿航天中心来说，你最好一大早去，不然真的不够时间玩。在休斯敦航天中心参观火箭时，我认真拍下了它的图表说明，我从来没有觉得火箭介绍可以这么清晰明了。

在航天中心，你明知道它的爱国主义无所不在，但你还是对它充满兴趣，觉得大开眼界，还会油然而生一种"美国人很厉害"的感慨，不光感慨它科技的发展，也感慨它对于什么是英雄的定义和阐述。

肯尼迪航天中心也是马斯克的 SpaceX 发射火箭的地方，如果去得巧，兴许还能看到火箭发射。该中心甚至还会安排宇航员跟参观者一起午餐。开车过去，离门口还有点距离就会看到路边竖着一块电子屏，屏上写着出席午餐会的宇航员名字。试想一下，一个十几岁的孩子有了这个经历，会怎样改变他的人生轨迹？也许他从此就立志航天事业了。

更令人叫绝的是，美国似乎没有什么是不可以参观的，白宫、国会大厦、五角大楼（9·11恐怖袭击事件之后不让进了），以及正在使用的军事基地等。

美国最南端基韦斯特

2019年秋天我把美国南部走了一圈，南到最靠近古巴的基韦斯特（Key West）。从基韦斯特回来，有一天的行程是从迈阿密出发前往新奥尔良。这是一段相对无聊的旅程，因为一路并没太多景点，就是赶路。一早出发，开了大约1000公里后，眼前突然出现了一条河，夕阳下河水波光粼粼，美极了。我一查，那里是一个叫潘萨科拉（Pensacola）的小镇，就在墨西哥湾沿岸，也是佛罗里达州最西端的城市。小镇还有个军事基地可以参观。我当即决定不再前行，就在当地住下。

第二天开车前往潘萨科拉海军航空基地（Naval Air Station Pensacola），在门口士兵简单查验了一下身份证件就放行了。这很让人惊奇，因为连西点军校现在都只允许团队参观。我想也许在进入基地的那一刻起，我的车辆就被实时监控了，但只要不去挑战"禁止进入"牌子，按驾驶路线走，一路并无人查你,还能不时看到飞机起降。

潘萨科拉海军航空基地被称为"海军航空的摇篮",是美国海军飞行军官的高级训练基地,也是美国海军蓝天使特技飞行队的大本营。第一个登上月球的美国人尼尔·阿姆斯特朗就曾在这里受训。可能正因为此,基地里面设了个国家海军航空博物馆,专门收集和展示美国各个年代的军用飞机,比如第一架飞越大西洋的飞机 Curtiss NC-4(柯蒂斯 NC-4),第一架降落在南极的 R4D 运输机"Que Sera Sera",还有参加过中途岛战役的战机,以及用作小布什总统交通工具的 S-3 维京反潜机(S-3 Viking)等。

我走进展览大厅时,被眼前巨大的战机惊着了,忍不住"哇"地叫了一声,这比参观波音工厂更加震撼。站在门口的美国大兵都被我的表情逗乐了。

这个博物馆对外开放,却不收门票,这是因为它由联邦政府资助。美国人认为,公共设施本来就是纳税人缴税所建,就应该对纳税人免费开放。所以,美国联邦政府所属的许多建筑都免费向国内外游客

休斯敦宇航中心

开放，如首都华盛顿的国会大厦、华盛顿纪念碑、林肯纪念堂，以及历史博物馆、自然博物馆、航空航天博物馆等。而费城有关美国独立战争的历史纪念建筑如国家独立公园、独立宫、旧国会大厦等具有爱国主义教育意义的场所，也向公众免费开放。

海军航空博物馆里的展品记录了美国海军航空的诞生和发展，以及对20世纪重大军事冲突的参与等，显然也是一个很好的爱国主义教育基地。尽管海军基地事关国防机密，但还有什么比这里更方便建航空博物馆呢？至于安全性，想必建馆之初已经考虑到了这一点。

那为什么航天中心收费，且费用还不低呢？因为航天中心大部分地区并不对外开放，开放的是游客中心，游客中心是私企，其运作不依靠美国政府资助。

在美国旅行，一个非常引人注目的现象是，美国到处飘扬着国旗。政府大楼、汽车总站、电视台、酒店……甚至很多人的家门口和私家车上，也是国旗飘飘。即使今天美国社会分裂、贫富悬殊、种族歧视抬头、枪击犯罪频发，并经历了伊拉克和阿富汗两场深陷泥潭的战争，爱国主义在美国依然十分强大，以至于很多人认为美国的爱国主义就像宗教一样，有很多盲目地追随，也鼓励人们无条件追随。

我当年在英国读书时，隔壁宿舍里有个美国本科生，到校报到后第一件事就在公共的客厅墙上挂了一面大大的美国国旗，叫人瞠目结舌。问他最遗憾的是什么，他答："还没有机会为国家作战。"

美国人为何如此爱国？美国有超过六成的人没有护照，很多美国人连巴黎、莫斯科在哪都不知道。这不是开玩笑，美国前副总统候选人、阿拉斯加州长佩林 2008 年接受美国广播公司采访时称，她的外交经验来源于"俄罗斯就在家门口"，"俄罗斯是我们的邻居，你可以从阿拉斯加的土地和小岛上看到俄罗斯"，"俄罗斯跨过国境就能来到美国，美国必须密切关注俄罗斯"。州长尚且如此，更何况普通民众。还有一些人连住的地方都没有，却坚信美国是"奶与蜜之地"（The land of milk and honey），美国比世界上其他地方都更好。这种信念固然与美国人从小受爱国主义教育有关（美国 50 个州中有 35 个州的孩子一上学就得背诵效忠誓词——"我向国旗宣誓效忠"），但也可能与美国是一个移民国家有关。

美国历史学家艾伦·克劳特博士认为，其他国家的人没有那么公开的爱国主义，因为他们基本上继承了与生俱来的权利。"美国人不都是生来即美国人。人们移民到这里,接受了他们的新身份,接受了作为美国人的概念。对许多人来说,成为美国人是一种选择,这增加了真正爱国的可能性——你爱你选择的东西。"

所以爱国主义牌在美国很好打,经常被政客们拿来利用。无论是特朗普的竞选口号"让美国更伟大",还是奥巴马的"是的,你能",其实都在强调美国是他们自己和世界的"最后希望",只是两个党派表达方式有所不同而已。

不过2008年金融危机后,美国经济、文化和人口结构发生了巨大变化,大部分美国人都有一种深深的挫败感,那种认为美国高高在上、无往不胜的观念也遭到削弱。这一点,早在2012年HBO出品的美剧《新闻编辑室》里就有体现,男主角直接说"美国不是世界上最伟大的国家",并给出了慷慨激昂的理由。到2016年特朗普当选美国总统,美国社会更加陷入分裂,并把在国内的焦虑感外溢到对外部世界的态度中。

2016年6月正值美国大选初选如火如荼之际,我住在华盛顿一对美国夫妇家中。他们家很漂亮,但夫妇俩分属共和党、民主党两个党派,妻子对特朗普嗤之以鼻,还特意拿了张"否特"的海报给我看。丈夫则温和得多,努力保持中立。

不过让我感慨的不是这对夫妇的和谐对立,而是当天晚上我要参加美国国会举办的一个活动,预计要半夜回家,所以我跟主人提前打了个招呼。男主人问我,时任总统奥巴马会不会出席?我说我不是很清楚,估计不会。他便走开了,一会儿回来对我说,他查了一下奥巴马的活动安排,当天奥巴马的公开活动只有下午在白宫的烧烤。

我很惊讶。我不知道一个总统的日程安排是公开的,是可以随便被普通民众查看的。所以后来特朗普被美国媒体诟病,因为他很少公开日程安排,或常常语焉不详,以"下午工作""参加会议"等代替,很不透明。美国媒体因而说他在白宫每天都很闲,不是看电视发推特就是打电话,"松散的行政时间"占到了60%。

华盛顿是一个非常特别的城市。作为首都,它到处都是推动政府运转的权力人物。它很政治化,你随时需

华盛顿的免费博物馆

要做好准备让聊天内容被政治主导。它还很昂贵,但它的地铁远比纽约地铁新和漂亮,它还有太多可以游览和参观的地方,而且免费。

美国的东西两岸与中西部截然不同,而南部又是另一种风情,至于阿拉斯加就更令人着迷。对我来说,美国是在纽

约现代美术馆，持外国学生证也可以享受票价优惠；是中国驾照同样好用；是在老布什图书馆里工作的耄耋老人；是阿拉斯加超级美味的生蚝；是高速公路旁的汽车旅馆；也是强壮独立的美国姑娘。

美国人或许不关心世界，但问关于美国的事，他们会很乐意告知。美国人很好聊，他们似乎随时可以就各种问题发表意见，或提供给你一些背景资料。经常有美国人跟我聊几句后，好奇地问我从事什么职业，得知我是记者，他们多半会做恍然大悟状，然后对我说："那你问吧，我尽我所能回答你。"这总是让我很感激。

我们今天看美国，与四十年前，甚至二十年前已经有了很大不同。四十年前，我们还在山脚下，美国在山巅，高山仰止，郁郁葱葱。现在我们过了半山腰，再看，发现山上其实到处是斑秃。但现在才是可以平视的时候，才是可以理性甚至幽默面对美国性格的时候。

以前我们看美国是《北京人在纽约》，现在我们把美国称为大农村，因为它的确不如伦敦、巴黎那样艺术人文气息浓郁。美国无论是咖啡还是食物大都是工业化产品，美国人穿衣也以舒适为主，经常穿着宽松的衣服，搭配上也没那么讲究。相比之下欧洲人要精致得多，吃的喝的穿的都更讲究品质，外表看上去也更赏心悦目，说话更加斯文动听。

但乔布斯、马斯克都是在美国获得了成功。在英国，阶层的顶端是贵族。贝克汉姆有钱又有名，仍一心想要封个爵士，为此花了不少银子做慈善，而且还不断地修正口音，以便更像上流社会。

英国的阶层界限分明，而且藏不住，因为一说话，口音就暴露了出身。英国政坛近些年乱哄哄，官员频繁换，但你去听，他们很多都一口牛津腔。

美国没有门第出身的观念，移民过程打破了原有的社会结构和血缘联系。在这里，人们不关心你父亲是谁，只关心你是谁，你是干什么的。在美国，成功的标志就是有钱有名住豪宅开豪车，过更好的生活。这种简单粗暴似乎更为中国人所接受，因为它崇尚的是平等和个人奋斗。

在我看来，美国最牛的地方在于，它总能吸引全世界顶尖的人才为它服务，而且这些人往往在美

华裔建筑大师贝聿铭作品：达拉斯市政府大楼

国能取得比他在自己的国家更大的成就。这个现象很迷思，似乎很难一句话解释清楚，但我想这正是美国过去一百年领先全球的原因。你听美国的顶级科学家讲话，一大半都是有

口音的。美国给他们提供了更高的平台，他们反过来也推动了美国的发展。

当然，文化娱乐产业是另外一回事，尤其对有色人种来说，阻碍会更大。这在我的《偶遇大明星》故事里有所体现。

这本书主要是关于我在国外旅行途中的一些观感和体会，从道路、食物、旅馆到人。它不是旅游攻略，也不是城市介绍，它只试图展现国外主要是美国的一些侧面。美国太大了，要把它写尽可能需要好几本书。这里先挑一些最直观、跟自驾游最密切相关的来写。美国人的热情、开朗、自信、直接，美国的种族矛盾、南北差异，在这本书里都会有我自己的观察和经历。此外，还有我在中东旅行时遭遇的一些意外，多多少少也和美国有点关系，我自己觉得还挺有趣的。

王尔德说，生活没有借口，旅行没有遗憾。

我们去过的地方，都会成为我们的一部分，潜移默化影响着我们的衣食住行、审美和心态。这也是我想在这本书里表达的：旅行是刚需，旅行不是为了逃避生活，而是为了让生活不会离我们而去。

为人的使命是好好活着,而不仅仅是存在。

—— 杰克·伦敦

"世界尽头"乌特恰格维克

2017年6月,我乘坐小飞机从阿拉斯加第一大城市安克雷奇出发,前往有着"世界尽头"之称的乌特恰格维克。

乌特恰格维克位于北极圈内,紧邻北冰洋,是全美最北的城市,也是全球最北的城市之一。当地居民以因纽特人为主。大约1500年前,他们从西伯利亚越过白令海峡来到这里,定居于此。本以为他们会很快冻死,但他们在北极奇迹般地生存了下来,此后,这里一直是他们的家园。

乌特恰格维克一度叫巴罗 (Barrow, 1901—2016),2016年底才正式改名。我去时机票上仍有巴罗字样。

这是因为那里有个巴罗角 (Point Barrow),由英国探险家弗雷德里克·威廉·比奇在1826年命名。巴罗角是全美最北点,也是许多北极探险的起点,这里曾是重要的北极飞行基地,附近还建有美国空军雷达站。"巴罗"对非本地居民来说更容易发音,1901年建立的邮局更是帮助"巴罗"这个名字成为主导,"巴罗"因此沿用了100多年。

为什么又要改回来?

公民投票的结果。用当地议员的话说,更名是出于尊重和支持因纽特语(Iñupiaq)的使用,也是去殖民化的一部分。就像因纽特人不喜欢被叫作爱斯基摩人一样,因为Eskimo在印第安语里是"吃生肉的人"的意思。

我出发前对乌特恰格维克充满了想象,但其实又无从想象,因为当时我对北极圈和北冰洋毫无感性认识。

我看过2012年由德鲁·巴里摩尔(Drew Barrymore)主演的电影《大奇迹》(*Big Miracle*),这是极少以乌特恰格维克为故事发生地的电影之一。影片根据真人真事改编,讲述了在巴罗角附近众人拯救被困冰下的鲸鱼的故事。故事发生在冬天,小镇看上去就是白茫茫的一片,陆地跟北冰洋面傻傻分不清楚,甚至由于飘雪,天空都是白色的。印象最深的是全美的记者赶到这个鸟不拉屎的地方,一下飞机就开始抱怨:"这是什么鬼地方?"而女主持人穿着雪地靴出镜双脚冻得受不了,因为气温是零下50℃。

说实话，我不敢尝试冬天去这个地方，冷不说，航班还常常会被取消，不确定因素太多。我想夏天去北极会容易一些，但我心里仍然有一百个疑问，夏天去那里是不是仍要穿羽绒服雪地靴？当地会有 Wi-Fi 吗？道路交通怎么样？和因纽特人相处有什么礼数？

当时关于乌特恰格维克的资料信息还非常少，等我抵达那里，一切疑团才解开。这大概就是中国人说的"读万卷书，行万里路"的意义吧。每到过一个地方，你对这个世界就又多一点认识，少一点偏见。

乌特恰格维克最吸引我的自然是其独特的地理位置和特殊人文。阿拉斯加已经非常不同于美国本土，我在西雅图转机时，海关官员得知我要去阿拉斯加时，夸张地做了一个发抖的动作，说"so cold"！而乌特恰格维克位于阿拉斯加最北处，自然更冷更荒凉。在安克雷奇，当地人听说我要去乌特恰格维克时大吃一惊，警告我说，那里至少要落后 25 年。

这让我对这个地方更加好奇了。

乌特恰格维克水陆不通，只能坐小飞机前往（确切地说，远洋海运船会在每年夏季运送货物至此，但一年只有一次，因为北冰洋很快就又冻住了，其余时候都要靠空运）。

飞往乌特恰格维克的小飞机很特别——它的前半段没有窗。原来，它一半用来运货，一半用来载人，舱内中间被硬

生生隔断，满员也就 72 个位子。只有阿拉斯加航空公司一家飞这条航线。

飞机去乌特恰格维克通常不会直达。我那架飞机在死马（Deadhorse）停留了 50 分钟，停留期间我不需要下飞机。

死马也是一个很特殊的地方，它是阿拉斯加北冰洋油田"普拉德霍湾油田"（Prudhoe Bay Oil Field）的起始地。

众所周知，1867 年，俄国以白菜价把阿拉斯加卖给了美国，近 172 万平方公里——比新疆还大一点——只卖了 720 万美元，差不多一平方公里四美元。估计美国人梦里都会笑醒。

俄国为什么要贱卖？据说是因为输了 1856 年克里米亚战争后，俄国非常担心据守在加拿大的英军会夺取阿拉斯加，进而越过白令海峡，侵犯其亚洲领土，觉得不如把阿拉斯加卖给美国，好有个屏障。

美国人当年也没觉得占了便宜。相反，操持这桩买卖的时任国务卿威廉·西沃德（William H Seward）还惨遭讥讽和嘲笑。那荒蛮之地要了干吗？当冰箱用吗？直到阿拉斯加发现金矿（杰克·伦敦的小说有描绘）、北冰洋发现油田，美国人才欣喜若狂。

今天，普拉德霍湾油田仍然是美国最重要的原油供给之一。从阿拉斯加北部靠北冰洋的死马，到南部瓦尔迪兹（Valdez），一条输油管道贯穿南北。如果你在阿拉斯加自驾旅游，一路都会看到那粗粗的输油管道和时而驶过的油罐车。油输送到瓦尔迪兹，再从那里转运到美国本土。

我之前曾研究了好久，想有没有可能开车到乌特恰格维克，但我发现，进入北极圈只有一条路——道尔顿公路，而且这条路只通到死马，就是为运送石油而建。乌特恰格维克与世隔绝，没有道路连接到阿拉斯加其他地方。死马位于乌特恰格维克以东约430公里，同属北坡区（North Slope Borough），来往也只能靠飞。

我后来走了这条叫作道尔顿的公路——它被BBC列为全球最危险的公路之一——但我没开到终点站死马，而是过了育空河进入北极圈后就返程了，一是时间不够，二是这条路太难开也太孤单了。

所以飞机在死马停留我很兴奋，从飞机窗口往下看，死马非常小，那里主要由工人和在附近普拉德霍湾油田作业的公司的设施组成。

我的邻座恰好为TSA（美国运输安全管理局）工作，是个专业人士，她要去死马工作两周。她告诉我，没人在死马生活，死马只有工作人员。这一点与乌特恰格维克不同。乌特恰格维克2020年统计人口为4800多人。想想也挺有意思，乌特恰格维克是北坡区最大城市和经济中心，却遗世独立，而死马没有居民只有油田，倒有道路通往外界。

一个城市就像一座孤岛，陆路不通，又不长任何东西，它到底怎么运作呢？我对乌特恰格维克更添了一分好奇。

飞机终于抵达目的地。乌特恰格维克的机场似乎比死马也大不了多少，机场只有一条跑道。从飞机尾部走下舷梯，人就几乎已经站在了机场出口。尽管做足了思想准备，我走出机场还是吃了一惊，第一感觉是冷，第二感觉是破。整个城市——如果称得上城市的话——看上去破破烂烂的。

"我为什么要来这里啊?!" 难怪人们一到这里，很容易发出这样的灵魂拷问。

因为冻土的关系，这里只有机场跑道是柏油路，其余全是泥土路。站在机场门口环顾四周，三面都是北冰洋，另一面则是灰蒙蒙的天空、灰蒙蒙的地，以及灰蒙蒙的房子。

乌特恰格维克可谓是地球上最阴云密布的地方之一，全年超过一半时间是完全阴天，阳光在这里很稀缺。而到了冬季，从每年11月至第二年的1月，有

大约66天时间是极夜。极夜、冰冷、阴天，是乌特恰格维克的三大气候特征。当然，有极夜就有极昼，夏天可能是它最美丽的时候，因为我到的第二天，太阳就出来了。即便如此，最高气温也只有零度，而且风很大。这种情况下，谁还在意极昼呢。

马克·吐温说，他经历的最寒冷的冬季是旧金山的夏天。那我经历的最寒冷的冬季就是乌特恰格维克的夏天了。尽管我穿棉戴帽全副武装，我还是很想立刻躲进室内，来一杯热腾腾的咖啡。

我在机场叫了一辆出租车。说是出租车，其实就是车主业余拉点生意。

乌特恰格维克不大，机场到居民区也就步行距离。但刚到那里时完全没有方向感，那里没有红绿灯，没有常见的道路标识和门牌号码，也没有 Wi-Fi，没法导航或查看距离。

一切都在平常经验之外。

乌特恰格维克只有一家宾馆，名为 Top of the world，世界之巅。名字很吸引人，但我最终没有选宾馆，而是预订了Airbnb。是的，那里竟然有Airbnb，虽然价格更高一些。但我想，也许我可以因此看到更多当地人的生活。事实证明，这个选择没有让我失望。

房子

因为永久冻土的关系，乌特恰格维克的房子都不着地，而是建在桩子上，以防融雪浸湿地板。这些房子看上去就跟集装箱差不多，门前看不到一棵树或一叶草，美国的沙漠里有

时都能长出一点绿草或野花，但这里真的很难见到一点绿。不过你可能想不到，长不出植物不是因为冷，而是因为缺少阳光。

从小生活在江南的我对冻土没啥概念，第一次

看到这样的房子，充满好奇的同时，心里也做好了简陋的准备。毕竟，这是在北极。我心里想，能洗热水澡就好。

所以当我浑身冒着寒气走进室内时，忍不住"哇"地叫了起来——外面如此阴冷，室内却温暖如春，我几乎感动得要哭了。

室内的陈设布置与美国其他地方几乎没有区别。厨卫干净整洁，卧室床垫被子柔软舒适，配备简单美式家具，一切都很完美。唯一不同的是，我一走进去就看到墙上挂了一张完整的北极熊皮。

屋主是个白人男子，五六十岁，他对我对室内环境表现出的兴奋和意外感到有趣和欣慰。他自我介绍说他是当地一家公司的主管，平时民宿由他太太管理，这几天太太正好有事去了美国本土，所以他代管几天。

"你要来杯咖啡吗？"他问我。

"求之不得。谢谢。"我说。

他一边给我做咖啡，一边告诉我，猎杀北极熊是被禁止的，但他的妹夫是爱斯基摩人，他送了他这张北极熊皮。

我注意到他说的仍然是"爱斯基摩人"。爱斯基摩人，不，因纽特人的生活习惯与白人有很大差异。按他的说法，因纽特人仍保持着原有的生活方式，即依靠捕猎如鲸鱼、海豹、北极熊、海象、水鸟、驯鹿和鱼类等等来维持生计，所以他们有了钱更愿意花在捕鱼买船上。相比之下，白人更为重视居住环境。"外面又冷又没啥好看，室内环境便很重要。"他这么对我说。

这倒是真的。我去掉围巾帽子脱了外套，坐在客厅的皮沙发上，手里捧着咖啡，忽然觉得乌特恰格维克也不是那么难以忍受了。

在冰天雪地的北极，除非你像因纽特人那么抗冻（我看到零度气温下，有人竟然只穿一条沙滩裤），像他们那么热爱捕鲸，否则你能去哪儿呢？如果没有一个温暖舒适的小窝安放灵魂，简直无以生存。

这还是夏天。若是冬季，想想看，室内25℃，把头探出窗外，外面是零下50℃，75℃的落差是什么感觉？会有某种敬畏和庆幸吧——环境这么恶劣，但我把自己照顾得这么好。

我对屋主充满了感激。说真的，如果他只提供一

个炕,然后对我说,北极就这条件,我又能怎么样呢。但事实上,第二天还有早餐——香肠、鸡蛋、橙汁、咖啡。我再次欢呼雀跃,屋主见了又乐得不行。

我知道,这一切都不是凭空而来。

直到1965年,天然气管道才被引入乌特恰格维克,在此之前,当地人都是使用鲸脂等传统热源。水费也曾经巨贵。屋主告诉我,当时马桶每冲一次水就要花费2美元,引用新系统之后,水费才大大下降。这大概要感谢油田带来了源源不断的钱,大量资金的注入改变了当地的生态。

当地的电力和自来水如今都是通过"地下管道"(utility)供应,这是一条埋得很深的沟渠,造价高昂。它穿过城镇,将公用设施直接从地下输送到居民家中。不过,并不是所有的住宅都连接到它,这意味着不是所有人都能在温暖舒适的住宅内过冬。

屋主说,他家这样一栋大房子,做饭加全天候暖气,每月水电煤气费200美元。这个价格不算贵,与美国本土几无差别。屋主家是个两层楼的房子，外面看不觉得大，进入室内则别有洞天，至少有五六间卧室，因为除我之外，还有好几个其他住客，他们都是壮汉，看着不像游客，而像是临时雇员、合同工。

乌特恰格维克如今不再是因纽特人的天下，自1968年北冰洋发现油田以来，它和美国其他地方一样，也成了一个移民小社会。目前因纽特人占六成以上，白人约两成，其余是亚洲人、太平洋岛民、拉美裔以及非洲人。

不过除了土著因纽特人外，乌特恰格维克很多人是飞鸟，只在这里工作，并不定居在此。我遇到一个白人中年男子，他在酒店工作，他说他们执行做三周休三周的作息制度，一到休息，他就立马离开，回到阿拉斯加内陆与家人团聚，一刻都不多停留。

从他到我屋主，白人对这个地方似乎都流露出某种"非我情愿"的无奈。按屋主的说法，白人生活在这里大都是因为工作，而非出于喜欢。谁会喜欢住在这里呢？气候恶劣缺少娱乐不说，还非常昂贵，因为所有的物品都要空运过来。

以油价为例，虽然乌特恰格维克离油田不远，但我特意看了一下，乌特恰格维克当时是 5.8 美元一加仑，而在安克雷奇，只要 2.65 美元，不到一半价钱。美国本土则更便宜。

食物、生活用品也是如此，超市里一个披萨要 16.95 美元，一小筒薯片 14.95 美元，一瓶洗衣液 40 美元……这可能也是因纽特人保持出海捕鱼习惯的原因之一，靠洋吃洋嘛。

住宿自然也贵，Airbnb 一晚是 350 美元，还不含税。不过考虑其地理位置，加上温暖舒适的床，我倒觉得这个价格挺合理。毕竟，我也就住两个晚上。

想到这里，我对屋主又生出一些敬佩。内心不觉得这里是长久之地，却又努力创造更好的居住环境，让自己过得更舒适，而不是得过且过。还有什么比这更积极的人生态度呢？

当然，在这里工作工资也高，不然怎么吸引人呢？据说，这里比起美国其他地方来，工资翻倍。

汽车

我抵达当天恰逢周末，可能是外来游客十分稀少，特别是像我这样的背包客，屋主很热情，说他可以开车带我兜一圈。我自然高兴接受。乌特恰格维克总面积就 50 多平方公里，喜欢徒步的人一天就能走完，但零度气温下，有车还是好，何况屋主还能充当导游给我介绍一番。

屋主的车是一辆皮卡，轮胎又粗又大。皮卡在美国很常见，但这么点大地方开这么大车，我还是有点意外。车子底盘很高，我费了点劲才坐进车里。

在北极，因为天气非常寒冷，汽车中的燃油和其他液体很容易冻住，因此汽车拥有一个可靠的供暖系统和坚固的雪地轮胎绝对必要，否则就是自找麻烦。此外，"远程启动"这个功能在其他地方可能会被视为奢侈，但在北极几乎是汽车标配。因为它能让车主在上车前就提前启动车子并加热，大大提高汽车的舒适度。

据英国广播公司报道，如今在挪威（部分位于北极圈内），特斯拉很受欢迎。首先是因为特斯拉在挪威的价格亲民，其次，电动汽车不必担心液体结冰，而且特斯拉还可以远程启动。

但它也有明显的短板。在极其寒冷的地方，电动汽车的行驶里程可能会变得更糟，一旦没电，车主可能会被困在雪地里，长时间等待救援。这也是为什么特斯拉在北极圈内还未普及的原因。至少当时在乌特恰格维克我一辆也没看到。

但其实,乌特恰格维克这样的地方才适合电动车,因为地方小,开不远,出门可能最多也就走5公里,没有所谓的"里程焦虑"。

不过美国人是不一样的。在欧洲,你很少看到有人开大车,如果你跟欧洲人说你想买一辆SUV,他的第一反应不是为你高兴,而是皱着眉头说"啊,那很不环保"。但美国人才不管环保不环保,他们就爱大车,最好能跑能装还能睡,舒服实用第一位。即使在北极也一样。

地理决定思维,国家大小有时也催生不同文化。

在乌特恰格维克,我发现所有民居外墙上都有充电线。因为天气寒冷,燃油车停好车后仍要让引擎继续运行,这样才能防止各种润滑液体和汽油冻结。

这里倒完全不必担心汽车被盗,因为没有公路通到其他地方,最近的公路也在400多公里之外,小偷能偷去哪里呢?

事实上,由于垃圾处理成本高,乌特恰格维克到处可见报废的汽车，它们随便停放，使得城市看上去更加凌乱和破旧。

即便如此，也不能阻止美国人买车。我一度想，地方小、成本又高，开车真有必要吗？但转念一想，在北极，冬季不开车还真是难以出门，毕竟这是一个城市，没法像以前一样靠狗拉雪橇出行。可能这就是美国人吧，就像他们坚持要住得舒适一样，他们会把所有的地方都当平常地方一样对待，没有条件也要创造条件上，哪怕这个城市在北极，而且如同孤岛一般。这对游客来说倒不失为好事，不然怎么说北极比南极更方便旅行呢。

巴罗角

屋主先开车带我去了巴罗角。

巴罗角是一个重要的地标。它位于乌特恰格维克的最北端，是楚科齐海和博福特海（Beaufort Sea）的分界线。巴罗角周围水域现在每年通常有两三个月不结冰，但这不是早期探险者的经历。

1826年夏天，"巴罗角"的命名者、英国探险家弗雷德里克·威廉·比奇（Frederick William Beechey）乘船通过白令海峡，靠近巴罗角却无法抵达，而他的朋友约翰·富兰克林试图从东边前往那里，也被冰挡住了，当时他距离巴罗角还有大约250公里。

比奇曾与富兰克林组成探险队,寻找北极西北航道,探索并绘制了部分海域的地图。1843年比奇出版了《去北极的发现之旅》一书,其中包含六幅他在北极时绘制的草图,为他带来了巨大名声。

但富兰克林就没那么幸运。1845年5月,他拿着英国海军部提供的经费,带领133名官兵乘两艘船从英国前往格陵兰,但两个多月后便下落不明,最后一次被看到是在巴芬湾北部。

在富兰克林的探险队失踪之后,各国共组织过四十多次救援,时间长达十年之久。可以说,19世纪北极探险的两大目的,就是寻找北极西北航道和富兰克林探险队。

北极西北航道是大西洋和太平洋之间最短的航道。沿着这条航道,从欧洲出发,船只到东亚的航程能缩短1400公里。英国毫无疑问是北极探险的领头者,最早寻找西北航道的尝试可追溯到1596年。此后,英国人在这条征途上探索了近三个世纪,无数人因此失去生命,包括约翰·富兰克林。

根据因纽特人的口述,富兰克林死后,他的大部分探险队员都放弃船只,步行走向北美大陆,途中许多人死了。不过,英国人并不相信这一说法,大文豪狄更斯还写了一篇檄

乌特恰格维克博物馆

文,说富兰克林的队员很可能是被因纽特人杀害的,因为他相信野蛮人是贪婪、狡诈和残忍的,不会温柔对待他的白人同胞。但实际上,根据考古学家研究,因纽特人有关富兰克林探险队的口述很可能是真的。

总之,富兰克林探险队的遇难在西方引起了轩然大波,也几乎终结了英国人对寻找西北航道的兴趣。

1865年美国内战结束,两年后美国从俄国那里购得阿拉斯加,之后,美国重新掀起了北极探险的热潮。但在发现油田之前的100年时间里,北极探险所能带来的经济效益只聚焦于捕鲸、开矿和皮毛。一直到20世纪初,捕鲸业都在美国占有举足轻重的地位。美国人用鲸鱼提炼鱼油,照亮路灯,还用鱼骨制作雨伞伞架、软百叶窗、女式内衣和裙撑等。

随着科技的进步,美国的北极探险条件比英国好很多,最新发明的发电机、电灯和电话都被用上了,因而没有像英国那样酿成那么多人伦惨剧。不过,事故难免。

1935年,美国作家威尔·罗杰斯和飞行员威利·波斯特在前往乌特恰格维克的途中,在乌特恰格维克以南20多公里的瓦拉克帕湾（Walakpa Bay）飞机突然熄火，坠入河中，双双遇难。现在乌特恰格维克的机场名叫威利波斯特-威尔罗杰斯纪念机场（Wiley Post–Will Rogers Memorial Airport），就是为了纪念这两个人。

巴罗角第一次出现在美国人口普查中是在 1880 年，当时那里 200 个居民清一色都是因纽特人。一直到 20 世纪 40 年代，这里仍是因纽特人的天下。此后，白人陆续涌入，建立了军事基地、研究实验室。1958 年，乌特恰格维克被正式注册为城市，随着油田的发现，大量资金投入，这里又建立了超市、电影院、机场、医院、学校和警察局等，开始以白人的方式"现代化"和"文明化"这个地方。

如今，随着城市的扩大，巴罗角离居民区已最远，是看极光的好去处。不过麻烦的是，在这里看极光只能坐在车里，关掉车灯，但不能让汽车熄火。冬季待在车外面不仅会冻死，还可能遭遇北极熊。冬季这里就是白茫茫的一片荒野，飘雪中很难识别北极熊。而等你看到它已经来不及逃了，你是跑不过它的。

即使在夏天，我下车拍照，屋主也提醒我别离车太远，小心北极熊。他说，除非你手里有枪，或离车、房子很近，否则与北极熊正面相遇，只有死路一条。他告诉我，就在前不久，当地就有一个人遭北极熊袭击身亡。

　　我闻言变色,草草拍了张照,就立马回到了车内。

　　夏天的北冰洋到处是浮冰,一眼望去,也是白茫茫一片,只不过其间夹杂一些暗色而已。若北极熊出现,是真的不易察觉。

　　不过面向北冰洋是一种很神奇的体验。我看到不远处有小黑点在移动,屋主提醒我,那是海豹。哇!我睁大了眼睛,真后悔没有随身带个望远镜。

　　我还看到有人踩在北冰洋的浮冰上,随着浮冰往北漂移。

身手倒是很矫健,但看得我汗毛都竖起来了,这太危险了吧,如果顺着洋流漂走怎么办?这可是北极啊,什么人这么大胆?

也许对当地人来说,穿短裤、踩浮冰是致敬夏天的方式,尽管这里的夏天也不过零度左右,但到底,冰化了,太阳出来了。

我们沿着北冰洋岸走了一圈,一路上看到很多鲸鱼骨。如果说乌特恰格维克有什么标志性物件的话,那就是鲸鱼骨了。当地人把巨大的鲸鱼骨矗立在岸边,如同城市雕塑一般。不知道冬季它

们是否经得起飘雪和风暴,也不知道这些鲸鱼骨存在了多久。

因纽特人热爱捕鲸,喜欢吃鲸鱼肉。我到的第二天恰逢他们传统的捕鲸节。这是他们的年度盛事之一,在每年6月下旬举行,以庆祝春季捕鲸季获得成功。当地人会围成一大圈,举行隆重仪式,载歌载舞,分享鲸鱼肉,举行篝火晚会等。

我也参与了他们的庆祝活动,并被分了一碗鲸鱼肉汤。汤很清,里面有一点肉,感觉就是清煮,原汁原味。这是我第一次品尝鲸鱼肉。口感与普通肉类没太大差别,有一点

腥,远不如三文鱼细腻。饮食,真的因人而异。

因纽特人的打扮在夏天跟一般人无异,他们的房子与白人的房子外表看也没太大区别,但有些房子前会停着木船。一些因纽特人看到我会主动打招呼,或微笑示意,但比起白人或黑人来,他们明显含蓄内向得多,不会侃侃而谈,表情也更为严肃。这让我有些感慨,强势文化总是有着更强的表达欲,也更会表达。

比如我的白人屋主,我看一眼墙上的北极熊皮,他就知道我对此感兴趣,就会主动跟我介绍它的来源;会热情地带我到处转转;我问了一些问题,他就好奇地问我从事什么职业,得知我是记者后,就说:"我说呢,那你问吧,我尽我所能回答你。"所有这些,都很令我感激。白人还会想到做民宿生意来减轻生活负担,但因纽特人不会,他们视这里为家园,与外界沟通甚少,被动地接受不断变化的城市环境。

我原本想象,乌特恰格维克应该像拓荒者的定居点。某种意义上,它的确是。在欧洲北极探险者出现前几百年……它可能或多或少就是现在的样子,一个自然狩猎的地方。

但它又不全是。

实际上，一个城市该有的基本配备如学校、医院、银行、餐馆、超市、消防站、警察局、机场等它都有。此外，它还有一小型博物馆、两三个餐馆（其中一家是韩国人开的日本餐馆）。虽然没有红绿灯，没有麦当劳，也没有星巴克，但这里基本设施齐全，医院大楼还很摩登，玻璃结构的房子在乌特恰格维克非常惹眼。

乌特恰格维克医院

古老和现代，部落和都市，在这里奇妙地交融，又显得那么泾渭分明。

我在超市里逛了逛，它跟一般城市里的超市也没啥区别。超市里什么都有，还有热菜区，供应披萨、大虾、肉丸等，但没有鲸鱼肉。我买了一份披萨尝尝，味道还不错。

其实在室内，你很容易忘了身处北极，只有迎面走来一个因纽特人——他们的长相实在太好认了——

乌特恰格维克超市

你才回过神来。乌特恰格维克虽然仍以因纽特人为主，但城市管理已经非常白人化了。

白人化管理

屋主告诉我，管理当地的是乌特恰格维克公司。该公司是根据1971年《阿拉斯加原住民索赔法案》成立的阿拉斯加原住民公司之一，它的主要功能就是管理各种收入来源，并把它投资于当地的发展，如建立卫生设施、水电设施、修路、教育服务等。

但你不难发现，除了少数例外，在乌特恰格维克，管理高层或专业人士基本都是白人，白人经营医院，在学校教书，指挥警察，掌管教堂，担当律师。白人也更倾向于雇佣白人工人从事高技能高收入的工作，而低收入工作更有可能由因纽特人来做。

乌特恰格维克有三所学校，从小学、初中到高中一应俱全，此外还有一所两年制的院校。

屋主说，乌特恰格维克的孩子一出生就享有超市的股份，如果考上名牌

乌特恰格维克小学

大学，费用也全由公家出。可惜因纽特人不爱读书，他们更喜欢捕鱼等更接近大自然的生活方式，而生活在这里的白人通常会把孩子送到美国本土就读。

这种情况，早在20世纪70年代就已存在。但原因可能比"不爱读书"更为复杂。

《纽约时报》曾刊登一篇文章，名为《阿拉斯加爱斯基摩人对白人的仇恨》，描述了当时学校里的情景。作者是曾在当地读书的白人凯文·查尔斯（Kevin Charles）。文章写于1977年。

凯文·查尔斯说，他们全家是1971年11月从西雅图来到乌特恰格维克的，当时还叫巴罗。他的父亲是一名工程师，被波音公司裁员后接受了巴罗的工作。当时巴罗的学校里几乎全是因纽特人，他是仅有的三名白人学生之一，因此常常遭遇土著孩子言语或身体的欺凌，这让他很快意识到，"在巴罗初中读书的过程不会是一个种族和谐的平静经历。"

他后来离开巴罗去了本土读书，为此他感到庆幸，因为当时白人与本地因纽特人之间的种族仇恨在加剧，而他"在学会恨别人之前就离开了"。

另一方面，学校里的教师和行政人员几乎都是白人。这些老师都一心希望因纽特孩子们有一天走出巴罗，过更加开明的生活。凯文·查尔斯说他印象最深的一次是英语老师给土著孩子们朗读狄更斯的小说，孩子们却昏昏欲睡。

狄更斯，就是前面我们提到的那个视因纽特人为野蛮人，并撰文称富兰克林探险队员很可能是被因纽特人杀害的狄更斯，因纽特孩子们会喜欢他才怪。

在白人到来之前，因纽特人为了生存一直与冰冷的大环境做抗争，并为此练出了一身强悍的生活技能。他们的孩子也把父母看成是英雄，并希望长大后能继承父母的本事和价值观。

然而白人试图通过教育让这些孩子们重新认识他们的父辈，就像白人在这片土地上植入新的制度一样。

白人承认因纽特人吃苦耐劳的品质以及跟大自然抗争的毅力和本事，但同时他们也认为因纽特人懒惰、粗鲁和浪费。他们相信自己的到来对因纽特人的生存是有益的。

的确，白人带来了水、电、天然气，建立了很多基础设施，让生活变得更加容易。但对因纽特人来说，古老的生活方式遭到挑战，人与自然之间的连接被打破，人们不得不在现代与传统之间反复平衡自己的日常生活。这个他们世世代代生活的地方，已经变得面目全非，强烈而古老的族群认同感也被质疑。

与影视作品中描写的不同，因纽特人并没有公开反叛。他们接受白人雇主提供的工作，他们的孩子也顺从地接受了白人学校的教育。但他们知道他们的未来只有巴罗,他们也不想去别的地方。

白人居住区也跟因纽特人分开。白人还隐秘地担心,自己的女儿在学校读书会跟某个因纽特人好上,所以不如转到本土就读,虽然费用更高。

这可能是一个永远无法解决的矛盾。一个地区要发展,必须有外来的先进理念和现代化手段介入,否则可能一直墨守成规停滞不前。但在这个过程中,强势文化总是更加咄咄逼人,并习惯以自己的视角看待他人,也不屑于了解对方的文化。而且人口混居势必带来异族通婚,异族婚姻和弱势母语的退化往往预示着一个独特的社会文化群体的消亡。

几十年过去,如今在乌特恰格维克,倒感觉不到种族冲突。据说因纽特人的节日特别多,这也算是对他们文化的某种尊重吧。不过,因纽特人到底怎么想,外人了解得并不多,他们不善于发声,也没有太多渠道发声,与白人极易表达不同,因纽特人要沉默得多。

对我来说,乌特恰格维克似乎有着双重人格。这里只有泥土路,到处可见报废

的汽车和电器,就像一个工业垃圾场,毫无希望地任凭恶劣天气的摆布。这里的居民主要是吃苦耐劳的因纽特人,他们仍以坐船出海捕鲸探险为生。

但同时,这个位于世界尽头的地方又到处流动着金钱。学校很豪华,有宽敞的教室和最先进的教学设备,有完善的实验室和体育馆,网速也很快。这里也有美丽的博物馆,里面有很多历史展品,大厅里悬挂着一个全尺寸的露脊鲸模型,还有一个设备齐全的礼堂。医院也很现代。

管理当地的是一个原住民公司,但掌权的多是白人。有点讽刺的是,因纽特人热爱这块土地,把这里视为家园,却成了配角。白人唱主角,内心深处却只把这里当权宜之地。

不过对因纽特人来说,目前最大的威胁是全球变暖。气候变化对北极的影响远大于其他地区。美国国家海洋和大气管理局的数据显示,自 1976 年以来,乌特恰格维克的平均气温升高了 6.1℃ 以上,海平面的上升不可避免,这意味着乌特恰格维克在不远的将来会被淹没,因纽特人赖以生存的千年狩猎和捕鲸活动或将面临消亡,他们的生活将面临重大调整。

两天后,我拖着行李箱向机场走去。这里的机场只有一个候机厅且非常小,托运行李还用人工开包检查。虽然乘客也要脱鞋安检,但不用双手举起过 X 光机。当然,这里登机只有一道门。

在我穿过那道门的时候,我忽然想,等有一天,因纽特人终于必须离开这里,离开这片他们赖以生存的土地和海洋的时候,他们是不是也要被搜遍全身,经过安检,坐着摇晃的小飞机,重找家园,勉强融入白人社会?到时,冻土、鲸鱼、手工船……还会是他们思念的行李吗?

"死亡之路":道尔顿公路

如果要评选美国最好玩的地方,毫无疑问我会选择阿拉斯加。

阿拉斯加太丰富了。北面有北极风光,南面有冰川美食,夏天能经历白夜,享受皮划艇的乐趣,冬天可以欣赏极光,玩狗拉雪橇,还有很多国家公园……这里与挪威、冰岛相比,开发程度低得多,而雪山、峡湾、冰川一样不少,全都大气磅礴,其绽放出的原生态之美,以及极地风光的魅力,令人叹为观止。

这里还有一条独一无二的道路——道尔顿公路。

从阿拉斯加第二大城市、"极光之都"费尔班克斯(Fairbanks)出发,有一条路可以跨越北极圈、直通北冰洋,这条路就是道尔顿公路(Dalton Highway)。

道尔顿公路是全球最北、最原始的公路之一,又称"死亡之路"。2011年,英国广播公司BBC拍了个

纪录片《全世界最危险的道路》，第一集讲述的就是道尔顿公路。它因此被广为人知，成为北极旅游探索者心中的梦想之路。

作为一个自驾游狂，它在我心里也种了草。

想想看，虽然有点危险，但能从森林驶进苔原，从山脉进入冰川，一路开车到北极，经历不同的地形地貌，通向北冰洋，抵达世界尽头，这是多么极致的体验。

而且这条路特殊的起源也让我着迷——它是美国北冰洋油田的补给线。

1968年，经过多年勘探无果后，美国终于在北冰洋发现了普拉德霍湾油田。该油田目前是北美第一大油田，其储量和产量是美国第二大油田东得克萨斯大油田的两倍多，对于曾高度依赖中东石油的美国来说，它的发现与投产意义重大。

但当初，发现油田的狂喜很快被一个现实问题所打断——油田投产后，怎么把原油从北极运往美国本土呢？

道尔顿公路正是为运送石油而建。它与贯穿阿拉斯加州的输油管道平行。一方面，它担负着方便工程师检修、维护和保养输油管道的重任；另一方面，虽然石油工人大都乘飞机进出油田，但他们每日所需的食物、日用品，以及建设油田的材料等，都由重型卡车经道尔顿公路长途运输过去，所以公路最初就叫 Haul Road，运货路。

负责这条公路建设的是阿拉斯加土生土长的工程师詹姆斯·道尔顿（James Dalton），他指导和监督了这条公路的建设，还曾在阿拉斯加北部的早期石油勘探中担任过顾问，所以公路在1974年完工后就以他的名字命名，简称道尔顿公路。

公路建成三年后，也就是1977年，纵贯阿拉斯加、从北冰洋通往太平洋的输油管道竣工，普拉德霍湾油田正式投产。

这条输油管道从北冰洋"石油重镇"死马出发，沿着道尔顿公路，到费尔班克斯，再沿理查森高速公路（Richardson Highway），一路通到阿拉斯加南部的瓦尔迪兹港，原油在那里被装上油轮，然后转运到美国本土。

所以走这条路，一路都可以看到直径超过一米的输油管道，非常壮观。这也是

道尔顿公路吸引我的一大原因。

不过,因为准备工作不足,这次尝试让我吃了点苦头。

我仗着开过一些山路,自认对美国的道路设施有一定了解,觉得只要避开冰天雪地的冬季,夏天走道尔顿公路,应不至于像 BBC 说的那么危险。毕竟,这条山路最高海拔还不到 1500 米。

我有时会很庆幸自己的这一点点冒险精神,它推动我做了很多或大或小的尝试,甚至潜移默化改变了我的人生,结局还不算坏。但道尔顿之旅还是给了我一点教训。事后总结,觉得自己多少有点轻率和大意。

首先,从费尔班克斯出发就晚了,当时已是下午一点。

六月下旬的阿拉斯加已经迎来极昼,基本上就没有夜晚的概念,这让我常常忘了时间。有两次开了好久的车,感觉有点累了,才发现原来已是子夜,赶紧找旅馆,但这里人烟稀少,等你想要睡觉了再找旅馆,往往需要再开上一两个小时的车。

诺兰有一部悬疑电影叫《失眠》,就讲到了阿拉斯加的极昼现象。男主人公要破案，但在压力和极昼环境下患上了严重的失眠症，不过这也巧妙地推动了故事的发展。

到阿拉斯加的头几天，极昼加上时差，真的很错乱。好在阿拉斯加的美景比电影更震撼更壮美，少睡一点不是缺憾。

我在旅行途中习惯随走随停，但走道尔顿公路就不太合适。下午才从费尔班克斯出发的话，就意味着一路都没法睡觉了。因为从费尔班克斯经道尔顿公路到北冰洋大约800公里，距离第一个可以住宿的地方冷足（Coldfoot）约500公里，一刻不停地开车也需要6个多小时（实际远远不止）。而且冷足位于北极圈内，人口为个位数，床位非常紧张，主要是为卡车司机准备的，去晚了就没了。

其次，我没想到道尔顿公路路况那么差，我的车完全无法驾驭。

费尔班克斯位于阿拉斯加北部，夏天这里有些无趣，它要到冬季才焕发光彩。到时世界各地的人们来到这里欣赏极光，玩狗拉雪橇、雪地摩托等冬季项目。尤其在一个叫奇纳温泉（Chena hot spring）的地方，好几个美国人都向我推荐，我特意开车去看了下，那里还能坐直升机看雪地日落、泡雪地温泉等，选择很多。但夏天没雪，就只有狗拉马车什么的，没啥意思。

所以我在费尔班克斯没有多停留,就直奔道尔顿公路了。从费尔班克斯往北开130公里,就到了艾略特公路(Elliott Highway)和道尔顿公路的交会处。道尔顿公路正式开始。

它立刻给了我一个下马威。

我这才知道道尔顿公路是一条石子路,全程几乎都是砾石路面,没有铺装,还经常坑坑洼洼。

美国竟然有这种路,还号称是高速公路,我惊着了。尽管知道北极是一大片冻土荒原,修路很不容易,但路况这么差,基本就是原生态,还是让我吃惊不小。很不幸,我当时开的是一辆日产 Versa。这种小车在阿拉斯加其他地方都没问题,但一走上道尔顿公路就不是一般的弱。噪声非常大,石子不断地飞溅撞击汽车底盘,感觉汽车随时会散架,我非常担心因此被困在荒郊野外,与野生动物做伴。

道尔顿公路没有服务设施,手机、网络信号全无,想要救援或医疗服务,没门。万一被困,一点办法也没有。而且路上也没什么车,没有路人可以相救,除了偶尔有大卡车呼啸而过,扬起厚厚的尘土和碎石云之外,世界一片静寂。

我本来以为这条路的挑战在于地形,到那儿才发现其实在于路况。这是一条为重型卡车而不是私家车设计的山路。私人自驾至少得选用皮卡或越野车,否则就是自讨苦吃。

但我当时还抱着侥幸心理,想会不会这一段路正好要修,过了这一段就好了。所以仍然坚持继续往前开。

然后,新的担忧又出现了。

道尔顿公路全长666公里,终点站是死马,中间只经过两个小镇:冷足和瓦斯曼(Wiseman)。这两个地方距离仅20公里,都在北极圈内,它们也是途中唯一可以加油、住宿的地方。其余路段没有任何服务设施。也就是说,我必须坚持开500公里到冷足才能加油。

正常情况下这点距离不算什么,我曾经一天开过1000公里,也没觉得特别累。但糟糕的路况,加上不合适的车子,让我感觉开到冷足有点难。然而不到冷足就没法加油。想到还要回程,心里直发毛。

既担心汽车抛锚,又担心燃油耗尽,这让我行驶在道尔顿公路上,放松不下来。好在我在费尔班克斯拐上高速公路前,很明智地给汽车加满了油,令我心里稍微好过一点。

阿拉斯加被称为最后的处女地,其开发程度很低,相比美国本土,路上加油站、汽车旅馆、餐馆等都少得多,所以在这里,满油上路是准则,除非你只在市区转悠。而道尔顿公路更是如此。

后来看西方人自驾这条路的视频,他们不仅带了满满一箱燃油桶上路,车里还有小冰箱,放三明治食材啥的。除了带足饮食,网球拍、烧烤设备、狗狗等都不落下,他们甚至还带了热气球,在翻越布鲁克斯山脉前玩上一把,真正探险娱乐两不误。

跟他们相比,我的准备工作太粗糙了。我通常自驾游都是大概定个线路,然后走到哪歇到哪,从不预订酒店或买一

大堆吃食什么的,但显然,这在道尔顿公路上行不通。万一真的被困,会先饿死。所以,走道尔顿公路最好带够补给(包括食物、饮料甚至燃油)以及必要的医疗救生装备,可以安心不少。

如果选对了汽车,又准备充分,夏天走这条路倒并没有太大危险。道尔顿公路的上下坡和转弯特别多,但路面很宽,坡度也不大,坦白说,比起云南的山路来真不算什么。

我曾经从丽江开车前往泸沽湖,那条路才叫吓人。很多急转弯不说,它在海拔3000多米的高空还有一段路——不知确切有多长,估计两三公里吧——需要穿云雾而过,能见度不到2米,完全看不清前方

从丽江前往泸沽湖

泸沽湖

的道路走向,也不知道对面来车方向。而且路旁很多时候并没有栏杆,汽车稍微偏离方向就可能坠入悬崖。

反正最后,我是看着手机上的导航图形走完这段山路的。去时走了一次,回来又走了一次。回来时天已渐渐转黑,更加步步惊心。

这一度让我很感慨,觉得BBC孤陋寡闻,没到过云南,

就随随便便排了个最危险公路排行榜，矫情！但仔细一想，前往泸沽湖的路有网络、能通电话，可以叫救援，还有加油站，一路有民居，路况也很棒，而且云南气候温暖。所有这些，都减少了与世隔绝般的孤独感。

道尔顿公路的危险主要是由其地理位置决定的。这条路从亚北极到北极，地处偏远，环境荒凉，没有人烟。作为美洲唯一直通北冰洋的公路，它需穿越严寒、暴风、冰雪，一路与荒原为伴。加上糟糕的路况，来往的重型卡车，全程没有服务设施，以及野兽出没……所有这些，都让道尔顿公路充满潜在危险。

冬天这里冰雪覆盖，极其寒冷，气候变化大，很容易发生风暴，甚至雪崩；公路积雪可达一米之深，连路肩都看不到。又赶上极夜，黑暗中能见度更差，很可能看不清路刹不住车，甚至翻车。重型卡车有时都会打滑冲出路面。

道尔顿公路没有红绿灯，也没有路灯，但重型卡车时有经过。所以永远开前灯、给卡车让路是私家车的又一准则。一般租车公司都会在协议里注明，保险不含道尔顿公路。

但夏天极昼,视线良好,即使半夜开车也完全没有问题,而且还能欣赏极之绚丽的晚霞。6月至7月绝对是自驾道尔顿公路的最佳时间。当然,9月开始有极光,层林尽染,当有另一番美丽。

吸引我继续前行的正是这条路特有的粗犷、野性之美。它就像一个天生丽质的女人,从没经过文明的洗礼,但美得大气、波澜壮阔。高耸的杉木、积雪融化而成的流水、清澈冷冽的小湖泊……而与此同时,文明的产物——输油管道又一路伴你左右。

这是我第一次看到这么粗的输油管道。有时它贴着地面,有时沉入地下,有时它又架在空中,不断随地形而变。这无疑是一个大工程,它带给我的震撼,一点不输绝美的自然景色。

当抵达第一个主要景点、杰克·伦敦笔下的育空河(Yukon river)时,我惊喜不已——它比我想象的还要宽广。

我本来以为从山上看河,

61

河流大概会如同小溪般渺小,但当育空河突然出现在眼前时,我忍不住欢呼起来,所有的担心瞬间一扫而空。真不愧是横跨美加的大河啊。

曾几何时,数以千计的矿工怀揣希望来到育空河淘金,成就了一段丰富的淘金史,也成就了杰克·伦敦,他把育空河称为"母亲河"。

杰克·伦敦的小说总是把人物置于近乎残忍的恶劣环境之中,让主人公在与寒冷、饥饿、伤病和野兽的抗争中、在生与死的抉择中,表现生命的坚韧与顽强。走过道尔顿公路,才知道他笔下"荒无人烟,没有生命,没有活动,寂静而孤寒"并非虚言。如果冬季来这里,再牵两条狗,就真的很杰克·伦敦了。

抵达育空河时已经是晚上,但因为极昼,天还很亮,气温也很高——我只穿了一件薄薄的衬衣。在那里稍作停留,看到了另一辆小型汽车,跟我反方向,想必是从死马过来。我们相视一笑,看来没选对车的不止我一人。

阿拉斯加的气候非常令人着迷——南冷北热。六月在阿拉斯加南部,我穿一件薄款羽绒服还嫌冷,不得不买了一件加厚冲锋衣。但越往北走,衣服穿得越少。到费尔班克斯已经短袖上阵,晒得不行。进入更北的道尔顿公路,在前往北极圈的路上,因为不停地上山,我感觉离太阳越来越近,这真是奇妙的感受。

过了育空河,再北上 60 英里就是北极圈了。长途跋涉,就为了看一眼这块牌子。它也是这条路上重要的打卡地。

北极圈出乎意料地温暖,6月中下旬,近20℃!我猜过了冷足,翻过布鲁克斯山脉——那也是这条路的最高海拔点——气候就会变化。据说山上即使夏天也会下雪,雪崩就发生在那里。

翻越布鲁克斯山脉之后,道尔顿公路就进入了北坡区。

从这里直到死马的 200 多公里再无高山阻隔，只有茫茫的苔原相伴。绿色退去，野生动物开始频繁出没，北美麝牛、驯鹿、白大角羊、棕熊等都有机会看到。更为惊奇的是，山那边虽然冷，却有蚊子，且又密又大。

但我没有再继续往前走，而是打道回府了。一是时间不够。阿拉斯加的景色都是大尺度，玩起来很费时间，假期没有那么长。二来石子路震得我脑瓜疼，犹豫再三，左右思量，不得不放弃冒险，安全第一。

好在我去过比死马更北的城市乌特恰格维克，领教过北冰洋，也见识过苔原，知道北极圈内的天空如何阴云密布。

回程的路感觉顺畅很多，也许是下坡的缘故，汽车噪声

没那么大。那时已经是午夜，但因为极昼的关系，你根本感觉不到时间，直到天空突然出现绚丽的日落景象。

我赶紧掏出手机看时间，时针指向6月24日凌晨0点40分。这是我见过的最惊心动魄的日落，没有之一。其最高潮大约持续15分钟，此后仍绵延不断，直到日出开始。

我干脆停了车。那一夜，我一直仰望天空，没有睡。

阿拉斯加南部多是阴天，几乎感觉不到日出日落，但到了北极圈附近，日出日落却如此艳丽绵长，也算是极限体验。我这才知道，在北极，真正意义上的日落要到午夜临近才会降临。太阳在午夜转向北方，刚刚落下又再度升起。日出日落，天空不断变化，美不胜收。

最后说说死马。

普拉德霍湾油田的发现，彻底改变了阿拉斯加的命运，也让死马应运而生，成为阿拉斯加州最工业化的城镇。

死马在1970年的美国人口普查中才首次出现，也就是北冰洋发现油田两年之后。为什么叫死马？据说是来自当时当地一家很出名的货运公司"死马搬运工"。但货运公司为什么起这个名字？寓意艰难，累死马匹？美国人做生意倒是不忌讳"死"字。

我虽然没有走完道尔顿公路，但曾从空中俯瞰过死马。这里除了忙碌的油井、随处可见的大型机械设施和像集装箱一样的房屋，再无其他。

与美国本土油田常常被各大石油公司割据不同，普拉德霍湾油田因自然条件恶劣，各公司单干代价太大，而且会对资源造成破坏，石油公司们因而决定改竞争为合作，统一开发油田，并走统一管道外输。

之前该油田由英国石油公司、埃克森美孚和康菲石油合作运营，但2019年英国石油公司将其所有阿拉斯加资产出售给了美国独立能源公司Hilcorp。Hilcorp1989年才成立，现是美国最大的私有石油和天然气公司。

私人领地不能随便进入。因此沿道尔顿公路抵达死马后，可以加油、住宿，但要想一睹北冰洋和油田的真容，只能参加当地的半日游行程。

和美国最北城市乌特恰格维克一样，死马也不卖酒精饮料,为此它有一句著名口号——"All that far and still no bar." (这么远了,还是没有酒吧)。

为什么要禁酒?因为喝醉了走到北冰洋里溺亡的不少,因酗酒引发的强奸、谋杀、青少年自杀等事件也屡见不鲜,所以20世纪60年代,乌特恰格维克最先颁布了禁酒令。当地人认为,因纽特人对酒精没有抵抗力,几乎总是以酗酒收场,禁酒可以保护他们,保护原住民社区。

但白人移民们对此很不满,认为这侵犯了个人自由,凭什么我在自己家里都不能喝酒?北极冬夜漫长,我拿什么纾解烦恼抚慰痛苦?

争议越来越大,1995年乌特恰格维克决定就此举行公投,当地居民展开了激烈辩论,最后还是禁酒的声音占了上风。此后,阿拉斯加各地的原住民村庄,包括乌特恰格维克和死马在内,都实行禁酒令。

尽管全无娱乐,但死马作为陆路可以通到的美国最北城镇,依然是很多探险者向往的旅行目的地。

美国有个"终极海岸到海岸"(Ultimate Coast to

前往基韦斯特的跨海大桥

海明威故居

Coast）摩托车挑战之旅，骑手要在30天内从死马到美国最南部城市基韦斯特，反向走也行。基韦斯特是著名作家海明威的故居所在地，距离古巴已非常近，岛上很有古巴风情，跟死马的冷寂形成鲜明对照。

所以在道尔顿公路上，偶尔也能看到摩托车的身影。在这么原始的道路上骑摩托车，委实是一个巨大挑战。

有人说，你不知道的地方，都是值得一去的天堂。

的确，一切都挡不住冒险者上路的热情。而道尔顿公路满足了所有北极探索者的想象。这里人迹罕至，路况糟糕，服务设施很少，却有着独一无二的风光和地貌。行驶在这条路上，仿佛已远离文明，又不时为输油管道所震撼。

走在这条路上，我也会想到中国的青藏铁路和珠峰，不时生出一些感慨。

我在《"世界尽头"乌特恰格维克》里曾提到，美国最北城市乌特恰格维克住着数千因纽特人，却没有道路通往阿拉斯加其他地方，因为冻土，它整个城市也是渣土路。

在冻土上修路，路面很容易随温度变化翻浆变形，这也是为什么我们的青藏铁路能建成通车很了不起的原因,因为需要克服很多世界性的技术难题,同时还得有促进边远地区经济发展的意愿和决心。

乌特恰格维克不通路,除了技术原因,当局可能觉得性价比不高,不如修建道尔顿公路来得必要。毕竟,油田能带来巨大的利益。

美国是一个商业主导国家,任何行为最后都讲究投入产出比,反映在基建上也很明显。道尔顿公路来来往往走的主要是重型卡车或大型油罐车,既然石子路对它们够用,就没必要升级路面,尽管技术上来说并非不可能。

至于游客,道路原始或许反而算是特色,增加探险魅力,好让人们体会荒野滋味。热衷探险的自驾游者一年也没多少,大动干戈更没必要。整个阿拉斯加开发程度都很低,更何况是这条通向北极的道尔顿公路呢。

但你要说这条路原始,有时它又挺周到,比如路旁会突然出现一个水管和水龙头装置,可以用来饮用,也可以用来洗车,以确保车窗和车牌干净。这还挺实用,因为夏天车子容易一身灰,

而冬季会一身雪，妨碍视线，影响开车。浪漫的人还能尽情发挥，夏天穿着比基尼在水龙头下冲个澡也没问题，画面还很美。

这些小细节在荒野中显得格外珍贵，令人感动。也许比起提升路面，美国人觉得这些更为必要。又或许，石子路是没法改了，那就来点安慰吧。

不过有一点让我不太适应的是，这里没有网络信号。整个阿拉斯加网络信号都很差，通常只有市区才有，还时断时续。我租了一个移动网络，基本派不上用场。这跟在国内的体验截然不同。要知道，就算是海拔5200米的珠峰大本营都有网络，而且满格，我在那里很轻松地在App上改订了机票。

好在阿拉斯加道路并不多，一般走上主干道就是一路到底，没有GPS也没啥问题。但若要急救，可能就麻烦了。

曾经有个阿拉斯加姑娘问我，在美国旅行跟在中国最大的不同是什么？我脱口而出，在中国出门不用带钱包，带手机就行。她有些困惑，也有些吃惊。我跟她解释，因为我们到处都有网络，即使在珠峰，也可以用手机扫码支付。

这是科技带来的巨大进步和便利，就像道尔顿公路和大口径输油管道也曾是20世纪70年代的科技变革一样。当我们享受着现代科技，回头看就觉得以前好原始，前往珠峰的路都那么好，滇藏线上都有网，为什么这里还是石子路，手机信号都没有。

不过出门在外，就是体验不同，适应不同。这也是世界奇妙的地方。

我感慨于阿拉斯加这条从北冰洋一直通到太平洋的输油管道，所以从道尔顿公路回到费尔班克斯后，又特意走理查森高速公路（当地人称它为"长路"，相比于"短路"Park Highway）回安克雷奇。因为这条"长路"也是输油管道路，而且景色绝美。

我想总有一天，我要重新踏上道尔顿公路，将这条输油管道路走个遍，从北冰洋走到太平洋。

世界是如此神奇。想要体会不同，逃离世事尘嚣，来趟真正的终极之旅吗？那就来阿拉斯加，走走这条道尔顿公路吧。

你怎么能活着却没故事可讲？

——陀思妥耶夫斯基《白夜》

车轮上的国家

与大多数富裕国家相比,美国的公共交通是出了名的不发达。除了纽约、华盛顿、波士顿等少数城市之外,美国绝大部分城市都没有地铁。公交车也不可指望,因为频率太低,往往一等就是一个小时。这与中国或欧洲截然不同,对游客来说非常不方便。

我在欧洲读书时,买张火车票就能满世界转了,基本上可以随买随走,提前买还能享受折扣。但在美国,从洛杉矶到旧金山也只能飞。火车有是有,但又贵又慢,耗时长、班次少,还经常晚点,不是好选择。要知道,这是两个经济大城,也是旅游大城。

纽约是美国轨交系统最繁忙的城市,从纽约到首都华盛顿,300多公里的路,坐火车跟坐汽车一样需要4个小时。上海到南京也是300多公里,高铁只要一个多小时。在我看来,美国的火车是用来观光而

波特兰公交系统

非赶路的，就像纽约中央公园的马车一样。

我曾经在纽约最繁华的街头开过车。纽约市区其实无须开车，因为有地铁。它的景点也很集中，大都在曼哈顿，开车反而麻烦，停车也贵。但我要去哈德逊河西岸的西点军校。从纽约曼哈顿去西点军校约80公里，没有公共交通，只能开车去。

在上海，不管你住在城市哪个角落，几乎都有地铁或公交通往市中心，早晚高峰时每两分钟就有一班地铁，非高峰时也就间隔五六分钟。但从新泽西北部前往纽约，公交车大概每半小时一趟，火车每小时一列。新泽西北部是美国人口最密集的地区之一，很多在纽约工作的人都居住在此，他们每天在两地间通勤。美国交通专家认为，如果按实际需求，那里的火车至少应该每10到15分钟一列。

但这已经是美国最好的情况了。美国为什么不愿大力投资发展公共交通呢？是美国人喜欢开车不需要公共交通吗？显然不是。

美国南部城市休斯敦是一个绝对以汽车为导向的城市，它很大程度上是围绕汽车而建的。但当它

开通第一条轻轨时,它每英里的乘客数比波士顿和旧金山以外的任何城市都要多,因为它经过人口密集的地区,将主要活动中心连接在一起,并与公共汽车系统相连。

归根结底,是美国政客不把公共交通视为必要,而是某种"福利"。他们认为公共交通是为买不起车的穷人而建的。公共交通发达了,"危险的"穷人就会轻松自由地前往"高档社区",打扰那里人们的生活。

美国走的是另一条路——它是一个车轮上的国家,开车才是它的代名词。美国人出行,首选开车,其次是飞机,然后才是火车。

所以我第一次去美国时,觉得美国一点也不好玩。那次是去洛杉矶。洛杉矶有地铁,但覆盖面窄,出行还是不太方便,我只简单看了下地铁沿线的星光大道、环球影城等这些人造景观。

　　直到第二次去美国，租了辆车到处跑，游历了一些国家公园、博物馆和图书馆，才对美国的印象大为改观。可见，交通便捷与否，会直接影响人们对一个城市和国家的判断和好感度。

　　我有个美国朋友第一次去德国时，吃惊于当地的公共交通系统。他半夜抵达柏林，柏林的地铁没有修到机场，但有机场大巴送到各个地铁口，他坐大巴转地铁至酒店，整个过程无缝衔接，而他等机场大巴也只花了几分钟。别忘了，那是半夜。他对此啧啧称奇，认为这体现了一个城市的完善程度。

　　不过，正因为美国公共交通不发达，没有车几乎寸步难行，这也催生了美国独特的汽车文化。作为车轮上的国家，美国的自驾游体验非常棒。

　　尽管在过去几十年里，由于缺乏基础设施投资，美国很多路损坏严重，出现坑坑洼洼，并且得不到及时修补，甚至出现大桥坍塌现象，但围绕汽车的一切，比如买车、租车、还车、加

油、路标、道路设置、汽车旅馆等等都很完善和便捷。

举个小例子，美国的高速公路上都装有反光片，这让夜晚开车容易很多，这种反光片近两年我才在上海高架路上看到。

我非常喜欢在美国自驾游，一来美国的高速公路很少收费（美国西部都没过路费，东部少数高速公路收费但也不贵，比如从波士顿到尼亚加拉大瀑布，全长约750公里，收费9.65美元），二来美国油价便宜，第三，美国高速公路旁到处都有汽车旅馆或连锁快捷酒店，住宿非常方便，符合我随玩随住的旅游风格。时间一长，我对这些汽车旅馆或快捷酒店的档次也有了了解。我选得比较多的是快捷假日酒店（Holiday Inn Express）、天天戴斯（DaysInn）、宜必思（ibis）、速8（super 8）等，这些连锁店价格适中，早餐达标，服务到位。

汽车旅馆

美国的汽车旅馆（Motel）通常在高速公路出口附近，开车远远就能看到高高竖起的牌子，下了高速就到了，不用绕路，极其方便。

汽车旅馆条件相对简陋，就是普通大床房，但价格亲民，方便停车，入住手续也简单，适合自驾旅行。

美国城市停车很贵，在洛杉矶、旧金山市区，停车以15分钟计。很多酒店也不提供免费停车，一晚停车费收30美元算少的。但汽车旅馆可以免费停车，车子还能开到房门口。唯一不足是汽车旅馆没电梯，住二楼就得自己拎个大行李箱上上下下。

旧金山金门大桥

当然也可以要求前台尽量安排一楼的房间。

市区也有汽车旅馆。我在旧金山市区就住过一家，靠近金门大桥。那次是为赶时间，正好看到就住下了，因此省了不少停车费。

我旅行习惯走到哪算哪，通常不预订酒店，但美国是一个非常鼓励预订的国家，租车也好，酒店也好，提前预订价格会便宜很多。不过汽车旅馆是个例外。它本来就是为风尘仆仆的司机准备的，只要有房间，早晚都行。我很喜欢这种

"在路上"的感觉。

汽车旅馆分连锁店和 local 店两种，连锁店规模大些，但内部设施都差不多。价格一般自 60 至 120 美元不等，房间 20 平方米左右，洗浴、咖啡、空调、网络等基本配备齐全，少数汽车旅馆还带厨房，甚至有游泳池。我在阿拉斯加住的一家就有游泳池，可惜我半夜入住，第二天一早离开，根本没时间享用。但因为此，大堂经理很好心地给我房价打了个折。

有一些偏远的汽车旅馆为了吸引客人，会在房间装饰上做文章，比如放张 66 号公路的照片，或弄个牛头什么的，对于游客来说倒也新鲜。

美国的"母亲之路"66 号公路可以说开启了美国的汽车时代，它曾是通往美国西部的主要通道，从芝加哥一路横贯到加州圣塔莫尼卡（Santa Monica），全长近 4000 公里，但如今早已退役。只有在伊利诺伊州、新墨西哥州及亚利桑那州的路段被当成历史遗产保留下来，有些路段和现有的高速路重合。

亚利桑那州那一段是真的荒凉，我特意走了一下，路旁一些房子还在，但破破烂烂

美国 66 号公路

美国小镇餐馆

的就差一个"拆"字了。

但那里的人令人感慨。有次我们到附近一小镇住宿，问汽车旅馆价钱，对方说是90美元不含早。我们第二天一早要去大峡谷，而那地方看着荒凉，似乎没地吃早饭，就问有没有含早的Motel。店员说，有啊，向前走50米就有。同行的一对宁波夫妇听着都惊呆了，觉得竟然还有这么做生意的，也太实诚了吧。

也是在那里，我碰到一个热情的加油站女店主，穿着艳丽，超有语言和表演天赋，看到我，从意大利语、德语、法语到日语、中文，一一模仿过来，惟妙惟肖。Made my day!

美国这一点很让我欣赏，即使生活在偏远小镇，人们似乎也很安心快乐适得其所，并没有人人涌向大城市。美国的城镇消亡似乎更多是因为产业原因，如电影《无依之地》里那样，内华达州一个小镇因重要经济支柱石膏厂倒闭而人去镇空，连邮政编码也被取消。

汽车旅馆通常含有早餐，但很简单，就是面包、果汁、咖啡之类，只能果腹，谈不上美味。不过大酒店早餐品种也丰富不到哪儿去，就多个培根鸡蛋而已。美国就不是一个讲究吃的地方。早餐餐具也是一次性的，一开始我想这些刀叉盘也太简陋了，后来觉得它们配得上美式早餐。

汽车旅馆在不同地区风格会有些差异。我有次住了一个木结构的汽车旅馆，就一排，10间房，背山，早上起来，郁郁葱葱，阳光透过树叶洒在地上，感觉呼吸都顺畅了。美国森林面积大，高楼少，小木屋时有所见，因而少了很多钢筋水泥感。就算市中心的高楼大厦也多半是钢架结构，水泥浇筑的不多。

汽车旅馆可以算是美国文化的一部分，很多美国乡村歌曲都跟汽车、公路、旅馆有关，尤其在美国西部，汽车旅馆比比皆是。在东海岸倒没那么多。无论你是沿着66号公路边开车边听乡村音乐，还是沿加州海岸蜿蜒前行，如果想自驾领略美国的西部风光，汽车旅馆不能错过。

不过这些年，汽车旅馆逐渐被连锁快捷酒店取代。地理位置、功能差不多，但更统一管理，也更有标志性。当然特色也就少了一些。

我一个在美国生活的朋友听说我常常住汽车旅馆后，颇为担心。他觉得对一

66号公路上的汽车旅馆

个单身女子来说汽车旅馆不是很安全。他自己在美国从不住汽车旅馆。但说真的,这么多年来,我住过很多汽车旅馆,从来没有发生任何让我担心的事,连一个虫都没看见。

我甚至常常想,中国幅员辽阔,自然景色不输美国,如今汽车保有量越来越大,道路也很棒,即使像川藏线、滇藏线,甚至前往珠峰的路都很好开,而且一路都有网络(这点比美国强太多),如果我们大力发展自驾游相关配套服务,包括沿途的汽车旅馆(或快捷酒店),应该很有前景,能拉动个性化旅游业的发展。

美国的道路

美国的道路主要分几种类型。

1. 州际公路（Interstate highways）

这是连接美国的主干线，它类似中国的高速公路，没有交叉路口，通常由入口匝道进入，只有机动车被允许在州际公路上行驶。

美国州际公路呈粗略的网格状横贯全国。偶数表示东西路线，奇数表示南北路线。州际公路编号通常是两位数（也有一位数，如从西雅图到洛杉矶的5号州际公路），三位数的公路是主要州际公路的支线，蓝牌三位数则是从州际公路延伸出来的城市环线，一看标识就知道可以开满一圈。

除了耳熟能详的66号公路，美国东海岸的95号州际公路可能最为中国家长熟悉，因为这条路经过好几所常春藤名校，曾经一到暑假就特别繁忙，太多家长带着孩子参观拜访。

2. 免费高速公路（Freeways）

这是州际公路的一种，但通常在城市地区，为高速行驶设计，因不收费而得此名。

3. 编号高速公路（Numbered highways）

有编号的高速公路又称美国路或美国高速公路，与州际公路不同的是，它会有路口和红绿灯。它在全美也呈网格状布局，但编号系统与州际公路正好相反。

4. 州高速公路（State highways）

低一级的道路，相当于我们的省级公路吧。相对没那么繁忙，通常限速较低，由州设计和管理。

5. 风景小道（Scenic byways）

顾名思义，就是由州负责维护的风景优美的路线。很多穿过国家公园，通常有自己独特的标志。

对于自驾游者来说，分不分得清这些路不是很重要，跟着导航走就是。重要的是不超速，不违规。

美国的驾驶规则很多与中国相似，比如司机和乘客必须系好安全带，严格遵守车速限制等。至于酒驾，在美国，喝酒不超标可以开车，但不能醉驾，美国抓醉驾不抓酒驾。另外，美国汽车内不允许有开了瓶的酒，否则会面临处罚。

相对来说，在美国开车要比国内容易一些。因为习惯了中国的大车流和自行车电瓶车行人混杂，美国的路简直叫一个空旷，如果往中西部方向开，简直就是冷清了。很多路段前无古人后无来者，10 分钟才见一辆车，所以很多次我把车停在路边，跑到路当中去拍那些或美或寂寞或辽阔的公路。

不过正因为车少好开，所以很容易超速。美国没什么电子警察，但警察都在路边灌木丛中或立交桥墩后面趴着，专等你违章。美国一张超速罚单至少 250 美元，比上海的 200

块贵多了。

虽然有"只罚头车"的说法,但头车怎么定义,相隔多少距离才算头车,似乎不好界定。反正美国人很少这么认为,大家都清楚,美国警察想抓谁就抓谁,不管你是不是头车。所以为避免麻烦,我在美国开车会格外小心,严格按照限速来。

但阿拉斯加是个例外。可能那里地方荒凉,警察也少,当地司机开车非常野,超速是普遍现象。阿拉斯加有很多山路,九曲十八弯,限速在35至65英里之间(1英里约1.6公里)变化,但当地司机会开到80

阿拉斯加公路

英里,约120公里。山路啊,很多转弯的,我觉得我都要疯了。我一方面怕超速被罚,另一方面又怕被嫌弃。我开头车呢,怕后面的人嫌我慢,又只有一条道,没地让;我要夹在两车中间呢,更不敢慢,只能紧跟着前面那辆车,经常心提到嗓子眼,直觉下一秒就要飞出去了。

在美国我只经历过两个地方司机会摁喇叭,一个是阿拉斯加,另一个是赌城拉斯维加斯。这两个地方的司机都没啥耐心。

阿拉斯加人口密度低，如果在一个路段突然看到很多车，那一定是头车快不起来，头车很可能是油罐车。遇到这种情况，司机们知道急也没用，反而安静了，会乖乖等到有两车道时再加大马力超过去，把慢车甩掉。

美国 5 号公路

美国的高速公路很多是双向两车道，不好超车，好在美国车少，两车道也够用。公路有个非常人性化的设计，就是但凡你觉得很想停下来拍照的地方，就会有路肩让你停车，它没有观景台那么正式豪华，有时甚至就是一块石子地，但很好用（这在浙江的盘山公路上也有看到）。

美国很少穿山凿洞，而是绕山而行。车随路在山间弯曲穿行，景色非常美。而有的时候，山没了，两边是一望无际的平原，平原上点缀一两栋房子，风吹草低见牛羊，满眼都是绿。

有一年冬天，我从美国本土最西北端的西雅图

加州 1 号公路沿途风景

一路向南至洛杉矶，走的是 5 号州际公路，这也是连接美国南北的一条主干道。我本来想，州际公路上肯定有很多大卡车，说不定地上还有坑，结果发现这条路特别美。

很多时候，两边都是山，未完全开发的原始森林。偶尔还能看到写着"这里有鹿"或"小心熊出没"的牌子。正是一月，太阳晒得人暖融融的，但山上还有积雪。我最爱的景象就是地上有雪但老美只穿一条短裤，这种打扮在美国还挺多见。

从西雅图到洛杉矶还有一条路可走，就是紧邻太平洋的 101 号公路。它可能没有加州 1 号公路有名，但它们都沿着海岸线，一路可以边吹着太平洋的风边开车，看太平洋惊涛拍岸的景象。

海岸公路是自驾游爱好者的梦想线路，我在加州 1 号公路上几乎是每百米停一停，只恨镜头无法捕捉太平洋的美。

中国也有漫长海岸线，据说现在也有了海岸线国道 G228，从渤海一直到南海，全长7800公里，起点是辽宁丹东，终点则是位于中越边境的东兴，目前大部分路段已经贯通，这很让人期待，希望也能像加州1号那样，跟海洋来个近距离亲密接触。

美国地方大，从沿海城市到内陆农村，从空旷的沙漠到寒冷的冻土地带，在这里自驾游可以感受不同的地质地貌。但在美国开车，也有很多不同于国内的特殊规矩。比如我们到十字路口时会习惯性放慢速度，以防行人或其他车辆突然进入车道。但在美国，直行车辆拥有优先权，因此它经过交叉路口时不会减速。美国很多事故都发生在交叉路口。

几年前，亚利桑那州曾发生一起车祸，一名中国司机在一个路口左转时，与对面直行的大巴车相撞，车上4人全部丧生。起因是小车司机没有在停止标识前停车让行。

美国公路上的"STOP"停止标识不是摆设，真的要停下，观察周围路况3秒钟，确认安全才能继续通过。即使红灯时可以右转，也必须在右转前短暂停车。

另外，开车经过学校区域必须减速。如果那里停着一辆闪着灯的校车，你超它

车是违法的，会面临重罚。

美国还有 Carpool，也叫钻石车道（路面上有菱形标记），或高占有率车道（High Occupancy Vehicle Lane，简称 HOV）。这种车道有载客人数要求，目的是为了鼓励更多人拼车上下班，或购买节能减排的环保汽车，从而减轻交通和环境的负担。非法使用的话也会被罚。

其他需要注意的还有：停车要避开残疾人停车位、巴士站白线或消防栓两边 10 英尺内。一些大学如加州大学伯克利分校内有专门为诺贝尔奖获得者设立的停车位，自然也非请莫入。

关于停车，我感到最友好的一次是开到旧金山渔人码头边，正想投币停车，一男子摇下车窗对我说，我可以停他的位子，因为他还有 20 分钟没用完。So nice！（美国现在有些地方也与时俱进开始手机付停车费了。）

而我最受教育的停车也是在旧金山。旧金山很多道路非常陡，坡度很大。在这种路上停车有讲究。在上坡道路边，要将前轮向左打一定角度，让右前轮后部接近或紧靠路沿，防止汽车沿坡倒滑。而在下坡道路边停车，则要将前轮向右打。上海地势平坦很少需要这么做，所以我看到当地人整齐划一地这么停车，立刻觉得学到了。旅游就是不断学习增长见识的过程，哪怕有些就是常识。

美国还经常会有鹿和大型动物在路边游荡,这在阿拉斯加尤其常见。我有次看到路边有驼鹿,就把车停路边,下车对着它拍照。虽然隔了几十米,事后想想很危险,因为驼鹿高大,一旦发

起怒来,很有攻击性,阿拉斯加曾发生过驼鹿致死人事件。

我非常喜欢阿拉斯加,但这个地方也是让我最囧的。

因为我去时赶上极昼。极昼很容易让人兴奋,加上刚抵达有时差,两相作用,时空错乱。头两天不想睡,两天后就很累。开着车直犯困,只好在路肩停下休息,竟然立刻睡着。一小时后醒来,发现后面又多了两辆车,其中一辆还是房车,看来犯困的不是我一个。

阿拉斯加还有很多奇奇怪怪的路标,非常分散注意力。比如"驼鹿出没""这里蚊子很大,小心被绑架"。厕所也能上路标——"前方1英里有厕所,下一个要19英里",甚至还有"准备购物",大概前方有商场。

这些路标倒是很提神,走过看过,哈哈一笑。但碰到下图这个路面标识,我就不知道怎么走了。

它在双向两车道中间,我理解它是双向左转车道,但两

边黄直线又让我觉得,它只能开出来不能开进去。我一犹豫,后面的司机就摁起了喇叭。在国外开车,最听不得别人对你摁喇叭,这简直就是在告诉你,你好逊。

我后来问了美国朋友才知道,这个地面路标在美国本土也有,就是左转待转道,开进去等对面没车就可以转弯了。美国人并不在意直线、虚线之分,开进去就是。

这也太不严谨了吧,既然如此,两边干吗不划一条虚线?在中国,跨越黄直线可是要扣3分的。

在美国租车

在美国租车很简单。中国驾照在美国基本通用。以我的经验,并不需要公证,有个驾照翻译件就行,只要不违章或者出事情,没有人查你的驾照。机场取车最为方便,机场一般都有 Shuttle Bus 从机场大厅直达租车区。

事先预订会比当场租车便宜很多。我有次直接在西雅图机场租,一辆吉普车加保险和税,9天时间费用超过2000美元,当然我是异地还车,又要求车子带 GPS,这会增加很多费用（如果驾车者小于25岁，汽车保险费又会相应增加）。

写到这里，忽然觉得时光飞逝，科技变化太快。以前还有车载GPS（一般收费十几美元一天），现在都用手机导航了。不过美国一些偏远地区，尤其是美国国家公园内，常常连手机信号都没有，更别提网络信号了。

美国的国家公园很多是开放式的，不收门票。即使收门票也很便宜，大峡谷30美元一辆车（不管多少人），可玩7天。我本来还想办一张80美元的年票，可以出入所有国家公园。这么便宜就不费这个劲了。

如果要玩国家公园，最好还是租四驱越野车。我租的吉普车在进入位于沙漠地带的"死亡谷"（Death Valley）后，曾一度使不上劲，爬坡很累。

"死亡谷"是一个盆地，1万年前曾是湖泊，其最低处低于海平面85.5米，也是全美最低处。死亡谷以"最热、最干、最低"著称，但进入死亡谷前得翻山越岭。

"死亡谷"内酒店

美国奥林匹克公园

顺便说一下,死亡谷那些因长期酷热和干旱形成的极限地貌非常壮观,与我国的张掖有相似之处,但这里全程可以开车,而且游客很少,喜欢摄影的人可以静心创作。死亡谷内还有酒店,但需提前至少三个月预订。

冬季玩国家公园,如奥林匹克国家公园、约塞米蒂国家公园等(黄石公园现在冬季也开放了但限流),都需要自备防滑链。防滑链一般小镇都有卖,也不贵。

在美国租车,首先,车子都是自动的,车况也很好,我从没碰到问题车。其次,服务很完善,取车还车很方便,尤其还车,就几秒钟的事。机场会有路标指引你到停车点。验车员一般看一眼就放行,非常迅速。如果赶早班飞机,还车时工作人员还没上班,也没关系,将车停在指定车道上,把车钥匙扔进一个特定的箱子里就行。租车公司已经把所有情况都给你预想到了,虽然看不到人,但一切都井然有序。

值得一提的是,美国取车时一般都是满油,还车时是否需满油取决于租车合同。如果合同里没提,就可以空油还车。如果要求满油还,而你没时间去加满油,租车公司则会以三倍市场价来结算。

我租车一般视需求而定,"够用"是我的原则,不过有时也会超标选一款新车型。可惜我会开车却不懂车,笑话也闹过不少。有次在纽约赶早班飞机,凌晨4点多钟,我把车开到肯尼迪机场附近一加油站,准备还车前把油加满。但我竟然死活找不到打开油箱的按键。五分钟过去,我开始着急,不得不走进店里,求收银员帮忙。

收银员是个印度裔男子,他也找不到,后来打电话给他朋友,在朋友的遥控指挥下才解决问题。油钱就几美元,我给他一张20美钞,他找我几个硬币。我露出疑问的表情,他挥挥手说,我都走出店帮你忙了,收你10美元小费。

好吧,Fair enough。谁让我不先熟悉下车再上路呢。

旅行的意义就在于体验和发现。好的、坏的、尴尬的、惊喜的……所有这些瞬间,都让旅程充满了冒险、新奇和乐趣。

加油

美国加油站到处都是，即使在沙漠地带也不缺。各加油站价格不同，有时会差很多。不过价钱老远就能看清，便于选择。

美国的油分 87、89、92 三种，87 是 regular，普通汽油，最便宜。我第一次租车时拿了车就走，也没问加什么油。到了加油站就开始犯傻，心想好车配好油，应该选最贵的，但一旁的老美告诉我，不管什么车，87 就够了。当然柴油车除外。租车公司一般只出租汽油车，就怕你加错油。

在美国，没有人帮你加油，加油都是自助。把信用卡插进机器，输入金额就行了，也可以到店里去刷卡。有一次我付了钱，发现加油机坏了，收银员就示意我把车停到另一个加油机前，原来她可以把钱转到那个机里，这让我觉得很神奇，果然在美国一切与车有关的问题都不用担心，什么都能解决。

这种信任感还陪伴我度过了一次小小的危机。

我平常都是一个人开车，那次偶遇一对宁波夫妇，他们第一次赴美旅行，恰好和我来回美国的航班一模一样，就决定一起玩。先生说他自驾过中国大部分省份，坚持他来开车，让我负责外交和指路。我想也好，乐得轻松。

一路玩得很愉快。那天我们从紧邻太平洋的加州 1 号公

路前往国家公园"死亡谷"。"死亡谷"离拉斯维加斯不远，它和大峡谷分处赌城西东两侧。从加州1号公路过去大约800公里，需要开一天车。

出发时已是中午。我直接在GPS上输入了目的地"死亡谷"。我以为这条路和美国西岸很多高速公路一样，可以开着车就看到路边加油站和大大的Motel字样，然后停车吃饭睡觉。我忘了这是开往沙漠地带，沙漠里荒无人烟。

在绚丽的日落景象之后，很快，天就黑了。我们说说笑笑，正聊着美国最新的枪击案时，我忽然注意到外面漆黑一片，一点光都没有。这时宁波先生好像也意识到什么，说："我好久没有看到加油站了，我们还有不到一格油。"

我心里一惊，立刻意识到我犯了错误。但怕他们着急，我一边拿过GPS，在目的地栏里，迅速将"死亡谷"改成最近的加油站，一边不动声色地说："别担心，我相信在美国，如果200英里之内没有加油站，路上一定会有标识。我们没看到，说明前面肯定有加油站。"

我当时真是这么想的。这种信任是怎么形成的、何时形成的是个谜，但这就像跟一个人相处久了慢慢了解了他的脾气，能猜到他的行事风格一样。

宁波夫妇是成功的生意人，多少有些迷信。先生兀自喃喃道："我们还是去叫这么个名字的地方……"我知道他是担心了。作为指路人，我感到自己责任重大，必须做出正确决定。我看一下车窗外飞过的路标，对他说，下个路口我们就出去。

下了高速，又开了一段路，终于看到加油站，我松了一

口气。当时周围完全漆黑,只有加油站一点微黄的光。我走进加油站商店时,真的感觉自己是在西部片里,就差个牛仔帽了。店主是个女人,她抬头看我一眼,直到我说明来意,才放缓表情,告诉我其实我们已到死亡谷边上,再开三英里就到一个镇上,那里会有旅馆。

我忽然就很佩服她。在这荒郊野外,一个人孤零零地守着一个加油站,万一遇到持枪劫匪怎么办?

美国的加油站通常只有一个工作人员——收银员,她同时还要负责商店,但这似乎并不影响运转,至少不比我们加油站很多工作人员来得效率低。这让我常常产生困惑,我们手机支付的确更加便捷,但并没因此减少人力和管理成本,那么它的意义在哪里?就少带一张卡吗?

这种服务理念的区别也体现在导航上。

导航

最近一次在美国南部自驾游,我一路用的是百度地图。

百度搜索不好用,但百度地图有点意思。基本上,所有州际公路、本地公路都覆盖,开了5000多公里,全程顺畅,即使到美国最南端、靠近古巴的基韦斯特,也毫无问题。只有在大城市比如达拉斯,因为市中心有很多单行道,而且得州人有钱,到处都在修路,百度地图有时就会不知所措。这也很

好理解，数据库不够嘛。

不过遇到封路，谷歌地图也一样茫然。

有一次在圣安东尼奥（这个城市的河滨步道非常值得一走，有点江南的味道，但又不尽然），我想前往一个传教址看看，但百度和谷歌都指示我走一条被封的路。我人生地不熟，在原地转了两圈，只好作罢。

真正让谷歌和百度区分开来的，是姿态。

谷歌似乎崇尚"沉默是金"。比如它指示你走35号公路，让你向北开100多英里之后，就不再多言语。仿佛在说"你是个成年人，不用我多说，你知道该怎么做"。有时它太久不发声，你都怀疑它是不是睡着了。

而百度爱聊得多，它会在每一个岔路口，告诉你"请靠左行驶"。它还会在数公里外就提醒你，前方路口要走最右侧道。然后每隔一公里提醒一次，直到你开上正确的路。

换句话说，谷歌相当高估人的智商，而百度恰好相反。

百度就像一个絮絮叨叨的老母亲，怎么都不放心孩子独自上路，总是苦口婆心循循善诱。这虽然有点聒噪，但对一个外来者来说倒也不失服务周到。问题是，时间一长，你就习惯了这种絮叨,并对它有了期待。到了岔路口你不是先看路标,而是等待指示,如果没有听到指示,简直发慌,不知道怎么开了。所以这一路,我连音乐都不敢听,就怕错过指示。

人的智商,真是从懒惰、依赖开始走下坡的。

谷歌地图似乎不屑做这种"贴心保姆",它发力的地方在别处——它的地图可以与谷歌账户相关联。比如你搜索过牛排馆,谷歌地图里就会自动把它标注出来。你喜欢国家公园、博物馆,谷歌地图也会记住你的习惯,用蓝绿色将它们重点标注。这让旅游便利很多。

相比之下,百度地图在这方面就逊色不少。我甚至搜不到"老布什图书馆",只能将目的地改为它所在的"得州农工大学",精确性就差了。

尽管最终都是把你送到目的地,但百度和谷歌地图提供的好像是两种服务,一种是"保姆式"的,一种是"成人式"的。

什么是保姆式服务?

在我坐飞机快抵达上海浦东机场时,航班开始发布各种消息,其中一条

大意是，外国乘客进关需要填单子，请认真填写不要涂改，否则海关人员会让你重填。

我哑然失笑。这像不像小学老师对孩子们说的话？而且这关航空公司什么事呢？就算乘客不知道如何进关，海关会让他知道的，各司其职好不好？航班不应该发布最关键的信息，如几点几分抵达、当地气温如何吗？

成年人对自主空间是有需求的。比如我一个朋友看中了某款车的内饰，就因为"该有的都有，可以没有的一概不要"。但往往我们做不到"该有的都有"，只好在"可以没有的"上下功夫。我们把它称为服务。

不过南橘北枳。我一个在美国的朋友一向拒绝语音导航，一来他嫌吵，觉得听语音对车里其他人不礼貌，二来他觉得谷歌地图版面简洁，一般余光扫一眼屏幕就可以获取关键信息，不影响开车。但他在中国开车很快就"同流合污"了。问他为啥，他说国内的路况太复杂了，看不过来，的确是听更方便，而且国内到处是电子警察，违章扣分很严，开车得分外小心。

每一次旅行都是重新认识世界、发现自己潜能的过程。而各地规矩、文化的不同，也让我有了不同的故事可讲。

如果音乐是爱情的食粮,那就演奏吧。

——莎士比亚

我吃，故我在

出门旅行，除了欣赏天地美景、结识新朋友、体验当地风土人情，还有一个很重要的内容，就是发现美食。

美食可能不是旅行的主要目的，但它常常成为旅行途中的亮点。你事后很多的回忆都跟它有关，它还往往成为你再访当地的理由。

你会吃惊地发现，这个世界竟然有那么多千奇百怪的食物，无论你已经走过多少地方，总有惊奇等着你。比如我第一次去云南时，就立刻被它的水果摊迷住了。虽然身处网络时代，但如果没有亲身前往，我都不知道有这么多闻所未闻、见所未见的水果。我每一种都买来尝尝，有的正如想象很喜欢，有的口感像蜜饯似乎太甜了点，而那个佛手柑最让我意外，既没水分，也没甜味，颜色像柠檬，口感如橘子皮，仿佛是一味中药，让我大长见识。

云南的水果

云南美食

又比如,我去四川大凉山,当地人向我推荐一种叫"紫蔻"的香料,说炖汤很好喝。我买了一小袋,很便宜,就几块钱,回家煲汤放一颗,果然浓香。

所有这些大大小小的体验和发现,都是打开世界之门的密钥。在旅途当中,如果偶遇美味佳肴,那不光令人眼前一亮倍感惊喜,还会颠覆你对一个地方的认知。

我曾经在香格里拉古城吃到一种饼,那个包着牛肉碎的饼可能已经经过改良,或根本不是出自本地,但在高海拔的藏区,坐在藏族传统装饰的饭馆,吃到这样的食物,令我欣喜得想哭,就像古城酒吧里传出的音乐,寂寥,又醉人心脾,令人驻足难忘。

又比如西班牙首都马德里。马德里在游客的心目中是不如巴塞罗那的。巴塞罗那濒临地中海，素有"伊比利亚半岛的明珠"之称。我读书时就去过巴塞罗那，但直到2019年春才第一次去位于西班牙中部的马德里。那天我逛累了，随便在马德里市中心一条主干道后面找了家餐馆，点了一份牛肉。

当时还不到下午五点，餐厅经理说晚餐时间还没到，让我稍等。我自然没有意见，这个点能让我入座就不错了。结果没想到等待超值，那牛肉好吃到爆，口感外焦里嫩，加上淋的一点蜜汁，味蕾全部复活，疲劳一扫而光。

隔天我又随便进了酒店附近一家小店吃盐焗虾，虾很新鲜，味道也很不错。事后我经常向朋友推荐马德里，特别是向我闺蜜，因为她对吃苦游没兴趣，就喜欢买买买吃吃吃，而马德里恰好满足这两点，物价比其他西欧国家便宜，食物还特别好吃。

写到这里，不得不提一个神奇的现象。在许多北半球的国家，南面食物都比北面好吃。北面比南面经济更发达，但南面更有风情,因为北面人工作较多,南面人晒太阳较多。西班牙、意大利、法国无不如此,可能南面天气太好,生活太悠闲了吧。如法国人所说:"管它伟大的欧盟,还是蔚蓝的天空,只有恋爱才是真。"

也许,浪漫、悠闲、热情才能烹饪出好食物。反正以我多年的旅行经验,像法国、西班牙、意大利这样的拉丁语系国家,基本上不用挑,随便找一家餐馆都差不到哪儿去,整体水准摆在那儿。而在德国,即使米其林餐厅也没用,羊肉可以做得很柴,只能吃个环境。德国最好吃的食物还是猪肘和香肠,那街边小店都有,配一大杯啤酒,也很享受。至于英国,我在那里生活好几年,我最喜欢的居然还是广式早点,如虾饺皇、鲍汁鲜竹卷、牛肉肠粉等等,一般中餐厅只有午餐时间才供应,因此这时候中餐馆常常爆满,因为英国人也超爱吃,觉得精致又美味,他们管这叫 Dim Sum,出自粤语"点心"的发音。有英国人甚至解释说,Dim 在英语中等于 point,而 Sum 等于 heart。Dim Sum,直指心尖。

有句话说"法国的食物,英国的餐桌礼仪"。我对这话的理解是,英国没有食物,只好在餐桌礼仪上下功夫。我看英剧《唐顿庄园》时,常常为厨房里人们一本正经的忙碌而忍俊不禁,他们更多的时间和智慧是花在擦拭银餐具上了吧。

不过说英国没有食物也有点偏狭，英国的炸鱼薯条的确非我所爱，但英式早餐我还是很喜欢。传统的英式早餐包括培根、香肠、鸡蛋、番茄、蘑菇、焗豆、炸薯块、黑布丁和吐司等，可谓是世界上最丰盛的早餐，配一杯果汁和咖啡，可以扶墙而出，午饭都省了。

英国作家毛姆（Somerset Maugham）曾说过，"要想在英国吃得好，那就一天三顿都吃早餐吧！"毒舌如他，在吐槽英国黑暗料理的同时强调了英式早餐的曙光地位。不过因为热量很高，英式早餐如今被嫌弃，也有点走向没落的意思。

早餐是一天的开始。英国有句老话：早餐吃得像国王，午餐吃得像王子，晚餐吃得像乞丐（Eat breakfast like a king, lunch like a prince, and dinner like a pauper）。午餐像王子我还真没发现。在校园里，太多人一杯咖啡加一个士力架就是午餐了。不过，英国有一个发明很合我心意——下午茶。

英国人一般约人晚饭都在8点半左右。所以，来一顿下午茶垫垫饥很重要。传统的英式下午茶一般在下午四点至六点间进行。除了搭配奶和糖的咖啡或茶之外，还有餐点，包括三明治（最经典的是去边面包制成的薄片黄瓜三明治——英国人的三明治还不错）、新鲜出炉的英式烤饼配奶油和果酱，以及蛋糕等甜点。

正宗英式下午茶有一个讲究，那就是银餐具。所有餐点都必须放在一个双层或三层的银托盘里，以显尊贵。

英国人超级爱茶，自从200多年前茶叶从中国传入英国之后，饮茶一直被英国人看作是一种悠闲舒适的享受，时不时都要来一杯。不过英国人并不太懂茶（他们可能更懂酒），他们喝的都是袋泡茶，然后加上奶，有时还加糖，是谓奶茶。我有一次泡了杯龙井，他们看了吓死，觉得绿色饮料怎么能喝。

英国人绝不用玻璃杯泡茶，在他们看来，玻璃杯是用来喝冷饮的，热饮只能用陶瓷杯或纸杯。这个我倒很接受，我也经常泡奶茶喝，尤其在秋冬，捧一杯奶茶，浑身就舒坦了。但我不用袋泡茶，而是用红茶泡水后过滤掉茶叶，再加奶喝。人的经历或多或少都会在我们身上留下痕迹，并悄然改变我们的生活习惯和言行举止。

英国人当年到了美国，先后创立了八所常春藤大学中的七所，包括哈佛、哥伦比亚、普林斯顿、耶鲁、宾夕法尼亚、达特茅斯和布朗大学，另一所康奈尔大学则由美国人成立于1865年。这些学校至今在美国乃至全球都有着举足轻重的地位。

但美国人既没接受英国的君主制（这被认为是高明之举），也不想照搬英国食物，甚至连它强调的仪式感都抛弃了，反而大力发展起了快餐，不用刀叉拿起来就能吃，最著名的莫过于汉堡包和热狗。

汉堡包大家都熟悉，热狗就是面包里夹根香肠，全靠各种调味料如番茄酱、美乃滋、芥末以及酸黄瓜等来提味。热狗可以在小吃店和街角的热狗摊上买到，加油站店里通常也有。还有costco里面巨便宜的超长热狗！（披萨在美国也非常流行，甚至超过热狗。）

由于生活节奏更快，快餐在美国如此受欢迎，甚至还能drive through，汽车开到快餐店窗口，不必下车就可以买到（drive through到处都是，干洗衣服都能drive through，真是懒到家了）。总之，汉堡、薯条、热狗、披萨涵盖了美国菜

一半的内容,另一半大概是可乐、冰块。老美无论春夏秋冬都要加冰块,冰到有时你都拿不住,也不知是否与美国食物油腻、热量高有关。

至于美国甜食,那就只有一个字——甜。无论是苹果派还是小饼干都甜死人不偿命,真不知道老美怎么吃得下去。吃这么甜,还不爱走路,美国人不胖才怪。

如果说英国人对食物的态度是有点分不清主次——别的国家吃饭都是以食物为主,饮料为辅,饮料是用来搭配食物和帮助消化食物的,而英国人恰好相反,他们更热衷于喝,食物似乎只是用来搭配饮料的,远不如酒更有吸引力——那么美国人对食物的态度就是彻底放弃家庭烹饪,一路奔着工业化食物而去(在家烹饪也多是工业化半成品食物)。

结果就是,美国人平均每天摄入的卡路里比世界上任何其他国家的人都要多。美国人吃的并不比欧洲人多,但肥胖率是欧洲的两倍多。也难怪,美国现代舞创始人邓肯对美国食物抱怨不止,她说:"我宁愿在俄罗斯靠黑面包和伏特加生活,也不愿待在美国最好的酒店里。美国人对食物、爱情和艺术一无所知。"(黑面包怎么啦?既顶饱又有营养,还易于消化,对肠胃极有益,黑面包、伏特加、鱼子酱可是俄罗斯人三宝。)

写到这里,我忽然想起了2006年罗素·克劳主演的电影《美好的一年》。影片展现了法国普罗旺斯悠闲的生活情调。里面有个情节叫人开怀,一对美国夫妇跑到法国南部去玩,点餐时对服务员说:"你会说美语吗?因为这个菜单都是法语。我告诉你我要什么,你记下来,我想要尼斯沙拉,加牧场沙拉酱,哦,再加点培根行吗?"服务员也不客气,直接合上菜单,对他们说:"阿维尼翁有麦当劳,马赛有炸鱼薯条。"就扬长而去,留下两人目瞪口呆。

这段情节意在讽刺美国人优越感十足,到哪都是美国作派,无法接受当地饮食,只配吃快餐、垃圾食品。当然,法国人的傲娇也可见一斑。不难看出,法国餐馆侍应生的服务

巴黎餐馆

态度可与美国食物"媲美"。我猜,现今政坛,法国经常跟美国唱反调,估计食物冲突也是其中一缘由。

法国人是很以自己的食物为骄傲的。法国谚语说,"没有奶酪的一餐就像没有阳光的一天",这句话完美传达了法国人的饮食精髓。法国有300多种奶酪,对法国人来说,美味的面包、精美的肉食、精致的甜点、昂贵的奶酪和美酒(通常两者是搭配在一起的)才算是一餐。在他们看来,饮食不光是填饱肚子,而是享受生活,所以宁可吃得少而精,也不要胡吃海塞流水线食物。

我对法国食物印象最深的是它的面包。面包绝对是法餐的重要组成部分。有时,一个简单的餐前面包就足以叫人惊艳,感叹活着真好。而美国,用美国作家亨利·米勒的话说:"在美国旅行5万英里,也吃不到一片好面包。"

美国人这点倒也实在。我在英国读书时经常遇到前往欧洲旅行或公干的美国人,他们常常感叹说:"到了意大利(或法国南部,或西班牙……),才知道我们美国人从来不知道什么是生活。"

不过,平心而论,欧洲人的慢生活和高福利是躺在前人的功劳簿上,就像一个富二代,吃喝玩乐样样精通,却不思生产,祖产迟早会败光。慢生活是有代价的,平衡才是艺术。美国人崇尚效率和实用主义,正是这让美国超越了欧洲。

同样喝红酒，美国人说"我品尝到了葡萄"，而法国人说"我品尝到了历史的泪水，1500年的生存和死亡，以及对爱情的向往"。前者言语的确有些粗陋无味，但后者美是美矣，好像也虚了点。

食物是文化的反映，也往往透露了国民性格。国民食物总是有它的道理。就像德国猪肘子一样，在美国，最好吃的还真是汉堡包。当你在美国不知道吃什么时，汉堡包是最容易也最保险的选择。美国的餐馆菜单上都有汉堡包。

我有一次偏要点条鱼，结果发现美国人超级热爱选择题。侍应生会问你鱼要怎么做，是煎？是烤？是炸？然后问你要什么配菜，卷心菜、酸豆角、芦笋还是蘑菇……再然后问你要什么主食，土豆是吧，那你要烤土豆？炸薯条？还是土豆泥？最后，问你要什么调料，有千岛酱、烤肉酱、棕色芥末酱……费了很多劲，最后端上来的鱼都不是热的，不禁悲从中来，觉得花这么多时间，还不如要个汉堡包呢（好的餐馆也要问你关于汉堡的一些选择，几成熟，加什么配料等等）。

在中国，你去餐馆吃饭，根据菜单点菜就行，怎么做、什么口味由厨师来定，你顶多要求重辣、微辣或不辣。但在美国，你不光要选菜品，还要选择配菜、烹饪方式、调料口味……这让初到美国的中国人常常犯晕，很不适应。没有选择不行，选择太多也麻烦。

我觉得这是美国菜的另一个特点。吃点东西，还得参与烹饪与配菜过程，貌似有很多选择权，实际上菜品就那么点，表面煞有介事而已，并不省心。结账更是，要不要给小费？给多少？怎么给？中国人没给小费习惯，因此又多一道选择题。

中国游客到了美国，外表再热衷美国品牌，胃也不会配合，待不了几天就会想念水煮鱼、馋嘴蛙、红烧肉、鲜鸡汤、炒时蔬……或者干脆跑去中餐馆或泰国菜馆吃一顿，虽然不一定地道，但好歹能解一下相思之苦。

不过，凡事有例外，美国食物也不是完全没亮点。走遍美国东南西北，我必须坦承，美国食物也有让我惊喜的时刻。事实上，我吃过的最好吃的海鲜，就在美国。

阿拉斯加的海鲜

很多人都知道波士顿龙虾，也知道西雅图的派克海鲜市场。但负责任地说，美国最好吃的海鲜在阿拉斯加。

我曾经跟一对宁波夫妇在西雅图派克海鲜市场吃了顿帝王蟹，坦白说，味道一般。宁波也靠海，吃海鲜很平常，当时宁波先生就叹口气说，美国人真不会做菜，海鲜都做得一点都不鲜。

因为美国人习惯了各种酱，美国食物大都是靠各种调味酱来提味。所以

西雅图派克市场

在波士顿，你可以买到龙虾卷，却要很花一点时间才能找到那种可以原汁原味呈现龙虾的餐馆（最可怕的是，清淡的海鲜，美国人一定要加上浓重的黄油烹饪！虔诚之态度就像我们吃螃蟹一定要姜末加醋一样）。

中国人的思维是，如果海鲜非常非常新鲜，就生吃或清蒸，如果一般新鲜，就爆炒、红烧，如果不那么新鲜，就只好裹面粉油炸了。但美国人不管新鲜与否，一律喜欢加上奶油等调料，非常暴殄天物。

所以我在阿拉斯加南部一个叫荷马（Homer）的地方旅

行时,对当地食物也没抱什么期望,结果却意外被惊到了,我甚至因此改变了对美国食物的看法。

荷马是阿拉斯加陆路能到的最南小镇,只有6000人。虽然阿拉斯加的首府朱诺、电影《假结婚》里的锡特卡(Sitka)更南,但都得坐飞机前往。顺便说一下,因为陆路所及之处有限,阿拉斯加的小机场很多。

荷马有一条北美最长的斯比特路(spit road),超过4英里,直接入海。这条路也是海鲜市场和海上运动集散地。

我在这里先坐船去了一个海岛,然后在那里玩了5小时皮划艇,很享受。人在海中央,四周是雪山,远处是冰川,

偶尔传来鸟叫声,感觉非常平和宁静。

阿拉斯加的景都是大尺度,玩什么都需要大时间,海上运动项目也一样,5小时是起步。等我回到岸上已是傍晚,我挑了一家海鲜馆,要了半份生蚝。美国的生蚝一般12个一份,6个半份。为了赶时间,我都没有堂吃,而是叫了外带。外带包装就是一个纸盒,大小正好放得下6个生蚝,再加两片柠檬,仅此而已,没有任何调味酱。

结果吃第一口我就被惊艳到了。这真是我吃过的最好吃的生蚝,自带一丝甜味,鲜美无比。我二话不说立刻回到刚才那家餐馆,又买了一份。

这好像是我唯一一次对吃这么冲动。我对食物向来本着浅尝辄止的态度,再好吃也不贪嘴,少吃好滋味嘛。但当时如果不是还要去北极,有太多路要赶,我真的很想为这生蚝留下来多住两天。

有人说,生蚝是过滤器,也是收藏家。它一生不停地过滤海水,所在海域的特性与精华也因此被生蚝记忆与收藏。吃生蚝,就等于经历和体验这片海域。海域不同,生蚝的口感也不同。

我后来又吃过马萨诸塞州的生蚝,没啥特别感觉。东西海岸的口感还是不太一样,西海岸的更鲜甜一些。休斯敦墨西哥湾的生蚝就更一般了。都说冷水生蚝更好吃,看来海水越冷,生蚝的质地越好越纯净,也更安全。

其实不光是生蚝,阿拉斯加的三文鱼外形与口感也跟其他地方不太一样。比目鱼更是超级好吃,我在南部另一个海港小镇西沃德连吃了两顿(该镇以当年从俄国人手里买下阿拉斯加的国务卿威廉·西沃德名字命名,算是纪念他远见之举)。而帝王蟹亦是我每餐必点。

最关键的是,阿拉斯加南部餐馆做海鲜都清清爽爽,原汁原味,调味酱单独提供,绝不喧宾夺主,打扰海鲜本身。

阿拉斯加是个神奇的地方,这里除了无可比拟的原生态美景,南部和北部还呈现完全不同的风貌。如果说北部直通北极,满足了探险的欲望,南部则有冰川与美食,更富有生活气息。如果你是海鲜爱好者,南部绝对不能错过。我在那里只吃了一次汉堡包,而且还是金枪鱼堡。

阿拉斯加人也很有意思。

玩皮划艇会有指导，划另一条皮划艇伴在左右。我的指导是个美国姑娘，独立、强壮、热情，还很会聊天，非常招人喜欢。她告诉我，阿拉斯加每年只有三个月可以玩皮划艇，其余时间她就干别的，冬天她喜欢去南美，她会说西班牙语。

别看荷马是一个人迹罕至的小镇，这里的人要么不旅游，一旦出发就是三个月起计，一点都不闭塞。有个年轻船长告诉我，他蜜月游到亚洲兜了一大圈，前后玩了好几个月。所以阿拉斯加的男女跟美国本土有些不同，这种不同一时很难言语，但能明显感觉到。

加州的螃蟹与检查站

阿拉斯加远离美国本土,是美国 50 个州中位置最北、面积最大、人口密度最低的州。它跟美国本土风格迥异并不奇怪。事实上,阿拉斯加人称美国本土为"Lower 48"或"outside"。

而在美国本土,加州是一个特殊的存在。

无论是人口规模还是 GDP 总量,加州在美国都首屈一指。科技、娱乐、游戏、农业都引领全美,可以说,美国人用的、看的、玩的、吃的大都来自加州。科技、娱乐不用多说,加州硅谷、好莱坞人人知道,而加州是美国第一农业大州,很多人就未必知道了。加州的农产品约占全美 13%,其蔬菜水果不仅喂养了美国,还是美国农业出口的最强生力军。正因为此,无论你从哪里进入加州,都有检查站,都会遭到警察盘问,目的就是防止"外来害虫和疾病的入侵"。

加州检查站

我第一次开车进入加州时并不知道这个情况,着实被吓了一跳。当时,我是从西雅图走 5 号州际公路南下。众所周知,西雅图所在的华盛顿州和加州都是重税州。当年,波音公司把总部从西雅图迁到芝加哥,就是嫌税太高。时任华盛顿州州长骆家辉还很不高兴。

但这两个州之间的俄勒冈州却是免税州。所以,我在俄勒冈州买了很多水、水果和一些食品。然后,我就在加州检查站被拦下了。警察问,车里有水果吗?有宠物吗?有枪吗?

警察就是例行公事,但那是我第一次被美国警察盘问,我心跳得厉害,心里想,完了,我刚买的水果要被没收了。

于是我用很慢的语速说,没有宠物,没有枪,但我有苹果。没想到警察手臂一挥说"苹果没事",就放行了,甚至都没凑近车窗看一下。其实我还有车厘子。

我迅速驶离,并大大松了口气。我车里一对宁波夫妇不太通英语,嘻嘻哈哈的,完全不知道发生了什么事,自然也不知道我经历了惊吓,还惊魂未定。所以说,这世界有什么公平可言。

当时我并不清楚为什么单单加州有检查站,后来查了资料才明白,这是加州消灭害虫的第一道防线,由加州食品和农业部门在该州与俄勒冈州、内华达州和亚利桑那州的陆地边界设立,共有16个检查站。被发现载有虫害货物的车辆将被拒绝进入加州。

按加州食品和农业部门的说法,每花1美元维持检查站,就可以挽救14美元的经济损失。

一般来说，持有加州牌照或边境州牌照的私家车被认为风险较低，通常只接受简单的询问，而商业卡车或装载牲畜的车辆被认为风险较高，工作人员可能会对车内货物进行检查。如果无意中发现可疑非农业物质，如可卡因或非法移民，检查站工作人员没执法权，但会设法拖延车辆，直到加州公路巡警抵达。

　　总之，有了第一次被盘问经验，后来我从亚利桑那州再进入加州就镇定多了。

　　警察问：从哪儿来？

　　我答：亚利桑那。

　　警察又问：亚利桑那哪儿？

　　我说：Lake havasu。

　　警察就说：Have a nice day！

　　与检查站相对应的，是加州食物的民族多样性。在淘金

有伦敦桥的哈瓦苏湖小镇

热期间,大量淘金者从世界各地涌入加州,带去了各自的烹饪传统。受中国菜、墨西哥菜以及欧洲菜系的影响,加州逐渐形成了自己的跨文化菜肴。相比传统美国食物,它更多采用当地新鲜食材,如蔬菜、奶酪、烤肉、鱼、海鲜、坚果、水果等。中国人常吃的蔬菜,这里也都有种植。

我最喜欢的是科布沙拉(Cobb Salad),它由生菜、鸡蛋、鳄梨、番茄、鸡肉、洋葱、培根、蓝奶酪和牛油果等组成,是加州的招牌菜之一,已有百年历史。

当然,还有邓杰内斯蟹(Dungeness Crab),又名珍宝蟹。

美国东海岸有龙虾,西海岸有螃蟹。以华盛顿州邓杰内斯港命名的这种螃蟹,因个头大,也被称为Jumbo(巨大的)crab,音译过来就是珍宝蟹。珍宝蟹口感甜美细腻,从阿拉斯加的阿留申群岛到整个西海岸都有这种螃蟹,但据说最

好的来自旧金山湾区，因为那里的水比较温暖（旧金山的纬度跟北京差不多，但道路两边种着椰子树，很神奇的一座山城）。

我吃过，一个足有 3 斤重，吃得很尽兴。其实可以买来自己蒸，加葱姜即可，湾区的亚洲超市一般都有卖，也不是特别贵。在美国东西两岸，吃海鲜是好选择，如果能自己做，当更好。

旧金山还有一种海鲜浓汤，相信去过旧金山渔人码头的人都吃过。冬天去，吹着海风，来一杯，很暖胃。

得克萨斯州的牛排

跟加州相比，得州在美国更加风格迥异，独树一帜。

它原属于墨西哥，1836 年 3 月宣布独立，成为得克萨斯共和国，并把格兰德河划为边境。墨西哥不承认其独立，但美国表示，只要得克萨斯共和国加入美国，美国就承认格兰德河为其边境。1845 年，得克萨斯成为美国第 28 个州。

得州牛仔城

所以，得州的墨西哥族裔有一句话——"不是我跨越了国界，而是国界跨越了我。"得州也因其曾经是一个独立的共和国而被称为"孤星之州"。

地理位置决定文化，说到得州，人们首先想到的可能是炎热、牛仔、扑克、枪支、肯尼迪遇刺……得州粗犷，又富得流油。除了牛仔帽牛仔靴、高速公路上经常可见的男女摩托车手和大皮卡，这里还有很多别的州没有的独特景象。

首先，大。

得州是全美第二大州，面积仅次于阿拉斯加（人口次于加州），比欧洲任何国家都大。

这里的人也大，巨胖型身材比比皆是。对自己体形不满意的人来到这里会很治愈，甚至盲目自信起来。

这里的菜分量也大，牛排在餐馆可以论斤买，比脸大。餐馆里的汉堡包也都是巨无霸，反正我一个吃不完。

其次，有钱修路。

在美国，很少看到修路工。过去这些年，美国的基建停滞不前。从奥巴马到特朗普到拜登，几任总统都想搞基建，但始终难以实施，一是两党相互掣肘，二是融资难。特朗普竞选总统时，有一次干脆说，美国的机场如拉瓜迪亚、肯尼迪、洛杉矶和纽瓦克机场，跟中国、迪拜和卡塔尔的机场比起来，"就像来自第三世界"。

但一进入得州，修路就时有所见。得州的南北主干道35号州际公路本来就繁忙，当中有一段在修，高速路就堵得厉害，跟在中国开车似的。

达拉斯贵为大城市，市中心也有很多工地，加上不少道路是单行道，导航经常犯迷糊带我兜圈子。只能说得州很有钱。毕竟，这里到处是石油。

不过，基建不光是修路。2021年春天，一向以热著称的得州遭遇大寒潮，大面积断电断水，"能源大州"断电令人始料不及。

第三，麦田里的油井。

自1901年发现油田以来，石油就成了得州的代名词。得州的石油和天然气产量分别占全美产量的1/3和1/4，炼油能力占全美1/4强，妥妥的能源大州。

在得州墨西哥湾沿岸地区旅行，一路都能看到大型炼油厂。夕阳西下，那些炼油设备被晚霞笼罩上一层金红色，蔚为壮观。这又是别处看不到的景象。

更特别的是，我们一般认为油井都地处偏远地区，但在得州，无论是在牧场还是田野里，甚至城市里，你都能看到油井在作业,感觉得州遍地是石油。

所以在得州,买一块地分地表产权(surface rights)和地下产权,也叫采矿权(mineral rights)。如果你购买的土地不包括采矿权,那地下石油矿产都跟你没关系。矿产承租人(石油和天然气公司)有权为矿产勘探或生产"合理必要"地使用你的土地。

近年来,得州高科技产业发展迅猛。虽然石油和天然气仍是得州的主要工业,但所占比重已经下降,休斯敦、圣安东尼奥和达拉斯三角区已成为美国第二个"硅谷",休斯敦地区还发展成为全美乃至全球最大的医疗培训和治疗中心。连全球第一怪才、特斯拉总裁马斯克也把公司总部从加州搬到了得州。

第四,美墨风食物。

因为历史原因,得州的食物混合了美国和墨西哥风。墨西哥肉饼、玉米饼、芝士牛油果……如果你喜欢墨西哥食物,美国没有哪个地方能比得州更正宗。

有个笑话说,得州人通过萨尔萨来判断一家餐厅的质量。得州人喜欢用"最好的萨尔萨"或"最好的奶酪"来推荐餐馆。

不过,美国人总有本事把任何食物变成难吃的那种。但凡老美认为正宗的,比如正宗美味的中餐,我们都吃不下去。

得州食物里,最吸引人的还是牛排。

得州农业发达,其畜牧业更为全美之冠,主要饲养肉牛、肉猪、羊和家禽。得州牛排之所以有名,不是做得有多好,而是牛肉本身质量好,因为这里的牛都是散养。

这里顺便介绍一下,美国餐馆的牛排一般按牛肉部位来

点单。西冷牛排就是牛腰上的里脊肉,基本纯瘦肉,带一点点油脂,细嫩可口,一般来说比较小,6盎司或者8盎司。这部分的最嫩最可口。牛眼肉是胸排根部的肉,如果带上骨头一起上的话就叫战斧牛排,不带骨头就叫牛眼肉,也算嫩,因为夹杂了一些肥肉,口味更丰富,也是大众点得比较多的,价格也便宜点。10盎司、12盎司、16盎司都有。

纽约牛排,一般来说是牛屁股上的肉,相对较老,味道也不错,也是平价牛肉。这种牛排一般就不按分量来卖了,反正也不贵。

还有一种叫菲力牛排,指的是小里脊肉,这部分肉是最

嫩的，但油脂也是最少的，需要精心烹制才好吃，而且也是最小的肉。价格也比较贵。

牛排要做得好吃不容易。我在美国一般只吃三分熟的牛排，这样才多汁、外焦里嫩。

我第一次进入得克萨斯州前，心里颇有些紧张。因为社交媒体和很多人都告诉我，得州人非常彪悍，上超市都带着枪支。俗话说，"全美枪战千千万，得州枪击占一半"（其实芝加哥、华盛顿、加州这些地方枪击案可能更多。枪击案频发是美国一大顽疾）。

所以有一天晚上我和当地朋友去吃得州牛排时，我坚决不肯把背包留在车里。出门在外，我习惯证件随身带，更何况是在得州呢。我想万一赶上个枪击案，我可以随时带着包逃跑，若牺牲了也方便警察确认身份。

朋友看着我觉得很搞笑。因为当时我穿着红色吊带连衣裙，却背个破书包，一点都不搭。

新闻有时候会有意无意地强化某种刻板印象。比如说到德国，我们很容易联想到严谨；说到法国，联想到浪漫；说到得州，联想到枪支，但其实并不完全是这么回事。新闻里说的事跟你在实地的感受往往有很大差距。旅行其实就是打破陈腔滥调，用自己的眼睛观察世界的过程。

我径直进了餐馆。一开始还有些坐立不安，但扫视一圈，发现每个人都神态自若。随着牛排上桌，天生神经大条的我很快就忘了枪的事，专心致志于牛排和有趣的聊天话题来。

那是一顿美妙的晚餐。牛排三分熟恰到好处，配菜也到位，边吃边聊，一顿饭竟吃了两小时，也不觉得长。而且很安全。

食物让人们走到一起。没有什么比跟一个同样对食物饱含热情的人一起吃饭更好的了。食物也能帮助你结识新朋友，在餐桌上和他人交流对食物、对酒的感受，乃至旅途中的有趣见闻，总能拉近距离活跃气氛。

美食很多时候是不期而遇的，跟人一样。食物好不好吃，除了烹饪，也在于你跟什么人吃。这就像旅行，与不同的人同行，会有不同感受，而独自上路，看到的风景又不一样。

这个世界有很多你根本想不到的新口味和新菜肴。从变态的冰淇淋到充满异国情调的奶酪、茶饮，总有一些有趣的东西值得你尝试和惊叹。

去旅行吧，它会让你的眼睛和味蕾来一次全新的体验。有时候离开家，走得远一点，更容易看清真相，这个距离是必须的。所以我喜欢旅行，旅行能让我换一个视角来看待我熟悉的食物和生活。

> 我宁可选择福特的正派而不是尼克松的强硬,因为在这个历史的关键时刻,我们需要某种道德感和尊严。
>
> —— 老布什

总统图书馆

在美国旅行，总统图书馆是我每经必入的地方，有时不顺路也会特意开上好几个小时去"弯"一下，不觉劳累。

这可能与我的职业和年龄有关。

青春年少时，旅行是为了探险、看大自然美景。随着年龄的增长，人文的东西似乎越来越吸引我，虽然我对国家公园仍充满兴趣。

美国的总统图书馆与一般图书馆不同，它其实是一个档案博物馆，游客可以买票参观，也可以凭身份证件阅览总统的档案。它提供了一个了解和认识美国总统及美国政治体系的平台。

参观总统图书馆，于我就像是对过去几十年美国和世界发生的重大事件的一次回顾，不仅可以感受到历任美国总统的个性和作为，了解美国历史、政治、经济、外交、军事和文化，还能从中看到些许中国的影子。

而且，常识想来，国家领导人的图书馆，那还不得政府出钱，公家建造呀，但美国的总统图书馆采取的是"私人筹建，政府管理"的运营模式，很有趣，是一件非常值得说说的事。

卡特图书馆

总统图书馆的由来

美国自第31任总统胡佛（任期1929—1933）以来，历任美国总统卸任后，都会在其家乡建一个图书馆，收藏总统生平资料和任期内各种文献档案、手稿书籍、影像资料、纪念品等。

在胡佛之前，总统文件的保管和管理比较随意，这些文件都散落在私人手中。美国国会图书馆曾花大钱收购华盛顿、杰弗逊等几位美国初期总统的文件，仍然无法挽回巨大的损失。

1938年，胡佛的继任者罗斯福（任期1933—1945）提出建立总统图书馆的建议，并得到国会的批准。1941年6月，罗斯福图书馆正式开放。他也是唯一一位在任内建立自己图书馆的美国总统。

罗斯福认为，总统文件是国家遗产的重要组成部分，应当向公众开放。罗斯福图书馆建成后，人们觉得这是保存总统文件和美国历史档案的好办法。1955年美国国会通过《总统图书馆法案》，把私人捐款筹建的总统图书馆纳入国家档案和记录管理局（National Archives and Records Administration，简称NARA，这个部门也是罗斯福签署法令建立的）的管辖范围，以便用政府资金来维持总统图书馆的管理和运营，这种"私人筹建，政府管理"的模式也成为此后建立和管理总统图书馆的定规。

所以，从胡佛开始，总统图书馆都统一由NARA管理，而胡佛之前的总统图书馆或研究中心，则分别由不同基金会、协会、地方政府等管理。

过去80多年来，总统图书馆已经成为大量学者和游客热衷前往的地方。

总统图书馆里有什么？

理论上来说，总统图书馆陈列的内容是用来如实记录、还原历史，并展示给公众学习和讨论的，不会过多考虑政治影响。比如克林顿图书馆不会回避克林顿与莱温斯基的性丑闻，尼克松图书馆也设有"水门事件"展区，详述这起导致他辞职的政治丑闻的来龙去脉，展品包括进入民主党总部办公室的开锁工具、其中一名与白宫直接有关的入室窃听犯的通讯录笔记，以及证明尼克松参与弥补计划的录音资料等。

用尼克松图书馆前馆长、历史学家提姆·纳夫塔利（Tim Naftali）的话说："公众理应了解没有政治偏见的事情经过。这才能值回票价。"

不过别忘了，这是总统"私人筹建"的图书馆，花钱谈众所周知的丑闻可以，但怎么措辞大有讲究。尼克松图书馆对"水门事件"给出的结论是：1972年6月17日凌晨，五个携带电子监听设备的人因潜入美国民主党总部所在地水门大厦而被捕，但尼克松总统事先对此并不知情，他的污点在于事后对属下的袒护以及阻挠司法调查。而克林顿图书馆则淡化性丑闻细节，把莱温斯基事件冠以"权力斗争"的名称下，有意引向美国党派之争的恶性发展。

没有绝对的客观中立，总统图书馆也一样是有选择的、带修饰的、"美国式"的讲述。我参观小布什图书馆时，特别想看看他是怎么讲述2001年他刚上台时的中美撞机事件的，但压根没找到。当然图书馆也不会提及美国2003年攻打伊拉克前，在联合国出示的

小布什图书馆

大规模杀伤性武器只是一管洗衣粉。我想参观者应当明白，这里呈现的是美国人眼里的世界。

而且我注意到，小布什图书馆把重点放在了9·11恐怖袭击上，里面收藏了许多历史文件，包括9·11恐怖袭击期间的总统记录、手写信件和电报等，以此来表明美国发动阿富汗战争和伊拉克战争的必要性和正义性。事实上，9·11恐怖袭击也是小布什图书馆的"卖点"。美国人的这种叙事方式跟我们似乎不太一样。我们也许会把这种事认为是"坏事"，而坏事不宜宣扬。

但这正是美国人厉害的地方。他们很会讲故事，而且还很讲究互动，特别注重"值回票价"。即使是总统图书馆这样的地方，为了吸引参观者，也会尽量让展品更加丰富有趣、喜闻乐见。比如里根（任期1981—1989）图书馆里收藏有"空军一号"总统专机、柏林墙残片等。

里根图书馆目前规模最大、访客最多

几乎所有总统图书馆都设有椭圆形办公室，当然每个陈设和布置都有些许不同。老布什图书馆里还复制了战情室和总统演讲台，参观者可以坐在椭圆形办公桌前的总统椅上拍

老布什图书馆里的椭圆形办公室　　小布什图书馆里的椭圆形办公室

照留念，还可以假装是总统，站在演讲台前做个让记者提问的姿势。别以为这很小儿科，很多参观者跃跃欲试，玩得不亦乐乎。

林登·约翰逊（任期 1963—1969）图书馆里，则能看到总统专用车辆、白宫家具、60 年代特有的电话机、电视机以及无所不在的烟灰缸，满足了人们的怀旧感。

参观者还可以听到约翰逊 60 年代的电话录音，有他放松时的随意谈话，也有 1965 年初他同民权领袖马丁·路德·金的一次密谈，很有历史感。这次谈话促使《投票权法》于当年 3 月获得通过。

每个总统图书馆都会通过细节，包括一些音频资料、图片、亲笔书写文字等，来展现总统内心的柔软、坚强的个性或幽默风趣的谈吐，让人近距离地认识总统。

艾森豪威尔（任期 1953—1961）图书馆展示了他在担任

二战欧洲盟国部队总司令时,在诺曼底登陆前夕为"万一失败"写下的话。里根图书馆里特别展示了他写给美国人民的一封信,称他患了阿尔茨海默症,确诊于卸任后四年。这封信不仅提高了社会对这个疾病的认识,也显示了里根从容面对的决心。

不过,我印象最深的是肯尼迪图书馆和老布什图书馆。这两个图书馆,一个胜在建筑设计,另一个以其内容赢得我心。

肯尼迪图书馆

肯尼迪图书馆位于波士顿近郊的哥伦比亚角,倚海矗立,由华裔建筑师贝聿铭设计。

与大多数总统图书馆建筑四平八稳、方方正正不同,肯尼迪图书馆是一套几何图形的组合,外观黑白分明,现代感十足,它也被公认是美国建筑史上的杰作之一。

其设计最令我震撼的是,图书馆没有详述肯尼迪被暗杀的情景(他遇刺身亡的经过在位于达拉斯遇刺现场的"第六层博物馆"里有专门讲述,参观者还能站在刺客开

达拉斯"第六层博物馆"

枪的位置,感受和想象枪击案发生时的景象),而是设计了一条不长的黑色隧道,穿过这条隧道,迎面而来的却是巨大的玻璃幕墙,玻璃幕墙外,是美丽的波士顿海港。设计师的用意与自然环境完美结合,堪称经典。

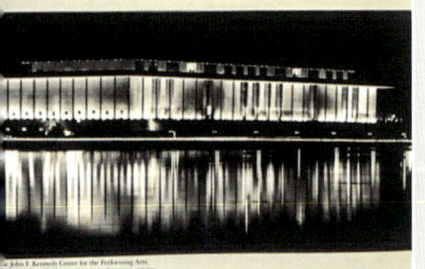

看得出来,那时贝聿铭就已经显现出对三角、玻璃和钢材的钟爱,以及少时在苏州园林生活的经历带给他的设计理念——"人与自然共存"。这为他后来的卢浮宫玻璃金字塔红遍全球埋下了伏笔。

可惜肯尼迪没有亲眼看到。这个图书馆是在他遇刺身亡后第二年动工所建,由肯尼迪遗孀杰奎琳主持。她在众多世界级建筑师中选中了当时还相对默默无闻的贝聿铭,理由是贝聿铭充满了希望和想象力,"解决问题的方法似乎不止一种",而且跟肯尼迪同年出生,还都是哈佛毕业。不过,肯尼迪总统图书馆的建造过程经历了换址、换材料、换设计等无数波折,历时15年才于1979年建成开放,从中也可以感受到贝聿铭的坚持和韧劲。

贝聿铭的成功无疑是兼跨东西方文化的结果。曾经有记者问贝聿铭,为何从不与客户争吵。贝聿铭答:"我是华裔,我们生生世世讲究和气生财。又在人檐下过,焉得不低头。"

我站在有十层楼高的玻璃幕墙前眺望大海时,忽然涌现出一个想法,从肯尼迪被暗杀到肯尼迪图书馆建成,这个过程如果拍成一部电影,会多么有趣。有暗杀、有美丽的遗孀和遗孀改嫁,还有天才华裔设计师的挣扎与智慧。肯尼迪家族是美国世家,贝聿铭家族是中国世家,两者相遇交锋,会折射多少文化冲突与交融。

只是,谁来拍呢?这个人得同时深谙中美文化和历史,既理解贝聿铭的内在,又能把握杰奎琳这样的人物,还得具备国际眼光。

肯尼迪图书馆里有很多肯尼迪原声影像资料。肯尼迪从小被富养的经历、他急于在太空竞赛中打败苏联人的执迷、说出那句名言"不要问你的国家能为你做什么，而要问你能为你的国家做什么"的演讲、杰奎琳的各种礼服等都很有趣，但最让我吃惊的还是当年他和尼克松的那场竞选，两人的得票数是如此接近。

当时，尼克松已为艾森豪威尔当了八年副总统，论资历，肯尼迪不及尼克松，论经验，也是尼克松完胜。但老天帮忙，1960年正好赶上美国历史上首次总统竞选电视辩论。面带微笑、有着古铜色皮肤的肯尼迪明显比"无时无刻不皱着眉头，有时脸色苍白得像是病人"的尼克松讨喜。最终，执政经验丰富的尼克松以微弱劣势败给了帅气有活力的肯尼迪。肯尼迪的得票率是49.9%，尼克松49.8%。这也是美国历史上最为胶着的一场选举。

其实尼克松比肯尼迪只大四岁，但两人出身不同，性格差异也很大，给人的观感就很不一样。尼克松出身寒微，严肃坚硬，而肯尼迪出身豪门，风流倜傥。尼克松因左腿膝盖做了外科手术住院治疗，当时他发着烧，情绪不好。肯尼迪做过四次脊柱手术,却从未显出被疼痛折磨的样子,表情轻松自信。肯尼迪还有妆容上的优势,虽然他拒绝化妆,但请人为他改善了皮肤状态。而尼克松拒绝进行任何修饰。

有人这样描述,"我通过电台收听了辩论,当时我认为尼克松表现得相当好。但第二天我看了录像带……不太看好他。肯尼迪年轻,口齿伶俐……打败了他!"

颜值战胜执政经验,电视成为政治工具。这也引发了争论。美国历史学家亨利·斯蒂尔·康曼格当年在《纽约时报》上写道:"我们希望这样的电视辩论从未来的总统竞选中移除。""这种电视辩论的模式会损害公众的认识,最终损害整个政治进程。美国总统这个职务过于伟大,不能被这种技术手段糟蹋。"

然而潮流不可改变。此后,美国政客再也不敢忽视形象。他们总是力图在镜头前展现坚定、有力、健康、胸有成竹的样子。用《经济学人》杂志的话说,政客要达到职业生涯的最高点,长相(包括身高、肌肉、语音语调)和成就一样重要。《纽约时报》也说,事实证明,候选人的外表——不是美貌,而是有能力的样

达拉斯市中心的肯尼迪广场

子——能产生比我们之前认为的更大的投票率。

不过世事难料,以颜值胜出的肯尼迪成了美国人心目中最杰出的总统之一,但三年后不幸遇刺身亡;而执政经验丰富的尼克松八年后还是当了总统,但因水门事件被迫下台。

所以,尼克松对美国政坛至少有两大贡献:一是提供了竞选形象的反面教材,二是从此以后丑闻都会加个"门"。

不过作为打开中美关系的开山鼻祖,尼克松的大局观可能是战后美国总统里最出色的一个。我在参观卡特(任期1977—1981)图书馆时,看到有这样一段评价尼克松和卡特的话:

"美中关系在共产党接管中国大陆后迅速恶化。中国和美国士兵在朝鲜战争中相遇。两国保持敌意超过20年,一直到尼克松总统1972年开创性地访问中国才打破。卡特总统又向前迈进了一大步——和中华人民共和国正式建立了外交关系。"

"开创性地访问中国"!即便因水门事件成为美国历史上第一位宣布

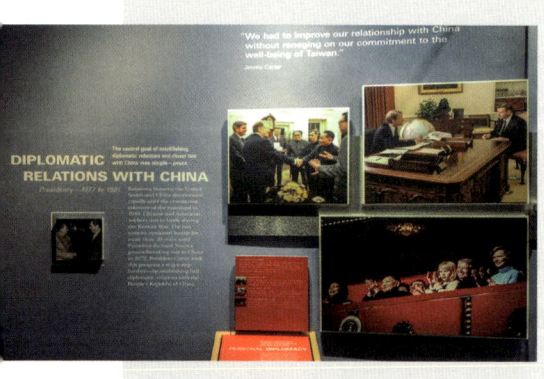

卡特图书馆里有对尼克松的评述

辞职的总统，共和党人尼克松留下的外交遗产仍然被民主党人卡特予以了高度肯定。

众所周知，尼克松在总统任期内推动了中美外交，缓慢结束了越南战争，缓和了美苏在冷战期间的紧张关系，并与苏联签署了两项具有里程碑意义的武器控制条约——《反弹道导弹条约》和《限制战略武器条约》，还让肯尼迪的登月目标成为现实。

反观眼下的美国政坛，人云亦云的多，具备开创性思维的少，狭隘短视的多，有战略眼光的少，美国急需一个有决断力的领袖来把握大局。

有民主党人当年曾这样黑小布什，说理想的总统是里根的声望、卡特的道德、尼克松的老谋深算，然而小布什是卡特的声望、里根的智力和尼克松的道德。这个笑话多少可以从侧面看出对尼克松的评价——能力强，品德差。

尼克松的品德被钉在了"水门事件"的耻辱柱上，被评喜欢搞党争，要权谋，手段低下。但他敏锐的政治嗅觉、对国际政治的深刻理解还是不容忽略。老布什曾预言，尼克松将会被人们铭记，"因为他将自己的一生奉献给了所有总统中最伟大的事业——国家间的和平事业"。

克林顿也曾强调，要以"他的整个人生和事业"来评价尼克松。克林顿上台后，还特意与尼克松会面分享经验。

1994年尼克松去世，克林顿和当时几位在世的前总统全都出席了葬礼，这也算是对这位污名在背的前总统最好的肯定和纪念了。

另一个让时任总统和所有前总统齐齐出席葬礼的是老布什（任期1989—1993）。

与尼克松相反，老布什被公认是一个绅士，正派、友善、自律、谦逊、富有人情味。老布什在自传中这样评价自己："我自知不是一个所谓的富有远见的总统，但我知道我是一个成熟、干练、稳重的总统。"

老布什是不是一个伟大的总统，这个见仁见智。他在任时，美国经济表现不佳，这是他谋求连任但输给克林顿的主要原因。但他能摒弃党派之争，不计前嫌，在离开白宫时，给克林顿留下这样一封信：

"亲爱的比尔，刚刚我走进这间办公室时感到的好奇和敬畏，跟四年前进来时一模一样。我知道你也会有同样的感受。我希望你在这儿开心。我在这儿从未感受到一些总统所描述的那种孤独。总会

克林顿总统图书馆内椭圆形办公室

有艰难的时刻,尤其当你面对那些你觉得不公允的批评时更是如此。我不是很擅长给人建议,但不要让那些批评声吓退你,或击败你。当你看到这封信时,你已经是我们的总统。祝你一切顺利,阖家幸福。你的成功将是我们国家的成功。我会衷心为你加油!祝你好运,乔治。"

这封信一度火爆全球网络。要知道,克林顿击败老布什的口号是——"笨蛋,问题在经济!"老布什大气、谦和、体谅的君子形象跃然纸上。克林顿说,他当时看了信笺很感动。这封信目前也被保留在老布什图书馆里。联想到眼下美国政坛愈发激烈的党争现象,看了真是很感慨,现在的政客们都忙着展示"强硬"、诉说"吃亏",还绯闻丑闻不断,连个人尊严都很难保住。难怪美国媒体认为,老布什将作为一个时代的终结型领导人而被铭记。

老布什的为人处世也反映在外交上。他促成了德国统一和冷战结束。德国是很感谢老布什的,因为当时英法乐见两个德国,这是为什么时任德国总理默克尔会特地赴美参加老布什葬礼的原因。而他在第一次海湾战争时,没有"乘胜

追击"推翻萨达姆,而是严格执行既定目标,即把伊拉克赶出科威特,恢复科威特的主权后就立刻收兵的做法,也被很多人赞赏。人们认为这不仅是克制,更是智慧的表现,说明他看得长远,对世局的了解够深刻。再看后来的伊拉克战争和阿富汗战争让美国付出的惨重代价和造成的混乱局面,就更能体会到他的明智。

所以 2018 年老布什去世后,他对于国家、妻子、家人和朋友的忠诚、他的奉献精神再次为人称道。美国媒体给了他非常高的评价,认为他是一个"伟大的美国人""杰出的总统""被低估的总统"。中国外交部也称老布什为"中国人民的老朋友"。

我一个朋友认为,老布什丰富的人生经历,包括在中国的经历,在他对世局看法的形成上起到了重要作用。而他的儿子小布什一辈子待在得克萨斯州,眼光和格局就要比父亲差一些。人还是要多走多看,中国古人把"行万里路"跟"读万卷书"相提并论,是非常有道理的。

老布什图书馆

在中国的经历,是老布什图书馆里浓墨重彩的一笔。

老布什图书馆位于得克萨斯州农工商大学校园内。一走进去,就看到大厅里悬挂的那张他和妻子芭芭拉当年在北京天安门前骑自行车的照片,非常叫人欣喜。

里面还有一个中国区,讲述了老布什与中国打交道的经历。1974年,在尼克松访华之后,中美正式建交之前,老布什作为美国驻北京联络处主任来到中国。在北京生活的15个月时间里,他和夫人芭芭拉骑着自行车在大大小小的胡同里穿行,从日常生活的一点一滴中了解中国。

图书馆里摘录了芭芭拉对这段生活的看法:"这是我们俩生活中全新的一页。水门事件是一次可怕的经历,所以前往中国学习一种全新的文化很美好。我喜欢这里的人们,我喜欢那种感觉。"

2008年,美国总统小布什出席了北京奥运会的开幕式,老布什也以美国国家队荣誉队长的身份参加了这次活动。

不过,我很喜欢老布什图书馆的原因,并不是因为中国元素,而是整个图书馆弥漫着一种高贵而温暖的气息。

与别的总统图书馆聚焦政绩、表现总统个性不同,

老布什图书馆

老布什图书馆花了很多篇幅来展现他和芭芭拉相濡以沫的爱情,还着重讲述了布什家的家教,以及很多代表着美国传统价值观的婚姻家庭之道,很让人感慨。

比如他说:"我的父母信奉传统的教养方式——很多的爱和很多的管教。"

"如果我写信告诉母亲我进了3个球,母亲就会打电话来问我,球队的表现如何?"

"我的母亲热爱比赛,她认为竞争会教会我们勇气、公平竞争,以及我认为最重要的——团队合作。"

老布什出身显赫,祖父是顶级工业家,父亲是银行家,与美国总统艾森豪威尔是好友,当过联邦参议员。老布什说,父亲的家训是:"身为男人首先应该赚钱,其次是养活家人,最后可酌情献身公职。"

100年前美国上流社会的孩子经,今天读来仍甘之如饴。老布什完美继承了家风,他和芭芭拉长达73年的婚姻就是集中体现。他们互为对方的初恋,从一见钟情开始,到相继离世,一辈子相亲相爱。其间也经历过战争、女儿死亡、贫穷、疾病……但他们始终忠诚如一。

芭芭拉比老布什小一岁,也出身于一个豪富之家,父亲是出版集团 McCall Corp 的老板,可谓门当户对。16 岁时她在一次圣诞舞会上与老布什相识,立刻被他吸引。芭芭拉说:"他在房间里时我几乎无法呼吸,他是我见过的最帅的男人。"

两人飞快陷入热恋。然而正逢二战全面爆发,老布什应征入伍,成了一名海军飞行员。1945 年 1 月,19 岁的芭芭拉放弃学业,嫁给了从战场回来的老布什,从此开始相夫教子的生活。

老布什退伍后进入耶鲁大学攻读经济学,毕业后移居得克萨斯州休斯敦,创办石油开发公司。1964 年开始从政,一路从国会议员到驻华"自行车大使",从中央情报局局长到副总统再到总统,无论怎样变迁,他和芭芭拉始终相伴左右。

他们总是手牵手一起去往世界各地。每一次出现在公共场合，两人都有那种自然流露的亲密。每年结婚纪念日，老布什都会给芭芭拉写情书。1994年，两人结婚49周年，他的情书这样写："你给我的快乐无人知道。我登上的或许是世界最高峰，即使这样，也不能与成为芭芭拉的丈夫相提并论。"

结婚70周年纪念日时，老布什在网上深情告白："70年前的今天，纽约州莱伊的芭芭拉·皮尔斯使我成为这个世界上最幸福、最幸运的男人。"

72周年纪念日，芭芭拉在接受采访时说："乔治是我一生中唯一亲吻过的男人。我老了，但我仍然爱着那个男人，正如我72年前嫁给他时一样……"

芭芭拉去世那天，老布什伤感落泪，对着遗像默默坐了一个小时。7个月后，他也随她而去。

小布什是他们的长子。他说，父亲在73年的婚姻中，每天都在以身作则地教导他们，如何成为一个好丈夫（小布什和妻子劳拉也是婚姻典范）。

而芭芭拉作为妻子和母亲也毫不逊色。

她始终是老布什最坚定的盟友。老布什90岁时，想玩跳伞，陪伴和支持他的是芭芭拉。老布什患上帕金森综合征时，也是芭芭拉寸步不离地照顾他。当然芭芭拉生病时，老布什也会一整天握着她的手，守护她。

芭芭拉与老布什育有6名子女（长女不幸夭折），都是她亲力亲为严加管教。她有次说，在美国，她可能是唯一一个知道孩子在干什么的母亲。她坚信孩童时代决定人的一生，小时奠定了好的基础，长大后便可以做任何事。

小布什给她起了个"强制执行者"的绰号。他说，一旦他越界，母亲会非常生气。"母亲是维持秩序和纪律的人"，"我们都是喧闹、有独立思想的孩子，但你知道，她有她的一套"。

小布什成绩不咋的，硬被芭芭拉送到波士顿一所寄宿高中就读。从南部休斯敦到寒冷的波士顿，加上学习上步履维艰，小布什觉得这就是惩罚。但最终，他凭借家族优势考上了耶鲁大学。接到通知书时，连他自己都不敢相信。他后来公开自嘲说："我一个C级生都能当总统，你们B级生、A级生就更有作为了。"倒也坦率得可爱。

虽然风格不同，但小布什秉承了父亲的为人之道，他周围的人都对他忠心耿耿，这多少能说明问题。小布什也能跨

越党派,跟奥巴马夫妇相处愉快,而且颇有幽默感。他爱画画,退休后卖了不少画,别人夸他画得好,他乐呵呵地说,他们大概是冲着署名买的。

家里出了两个总统,芭芭拉在美国地位崇高,被称为"美国的祖母"。她也被认为是布什家族的核心人物,一生都是布什家族影响力的坚定维护者。

嫁给第一个亲吻的男人,并不惜辍学;一生从未工作过;全力支持丈夫的事业、努力培养管教孩子、必要时为他们摇旗呐喊、成为家庭的凝聚力量……芭芭拉的身上集中了老派美国妇女的特点。她的生活轨迹,在今天的女性看来或许有些不可思议,但对她那个年代来说倒也不足为奇。

我在参观卡特图书馆时发现,卡特夫妇也是在很年轻时就相识结婚。不仅结婚早,伴侣的选择半径也很小,在同一个小镇上,还是妹妹的同学。和老布什夫妇一样,卡特事业发展顺利,妻子弃学结婚相夫教子,中间也经历过搬迁的苦,但一路走来互相扶持,婚姻时长甚至超过了老布什夫妇,但甜蜜度似乎不及老布什夫妇。

要到克林顿和希拉里时代,才可能相遇在法学院,而且一个来自阿肯色州,一个来自芝加哥,南北结合。从结果来看,克林顿夫妇的婚姻之路更为艰难一些,也不知是跟人有关,还是跟地方有关,还是时代变了。

但不管是在什么时代,看到跨越世纪的爱情佳话,总是一件令人感动的事。这是何等的幸运,又要经历怎样的妥协和团队合作。由家及国,难怪美国媒体认为,老布什的价值观应该引领美国的未来。

建造总统图书馆很复杂

总统图书馆做得好,很容易让人重新认识总统。不过建一个总统图书馆并不容易,这从奥巴马和特朗普的图书馆难产可见一斑。

奥巴马2017年1月卸任,其图书馆2021年9月底才破土动工。要知道,小布什卸任后一年多,其图书馆就动工建设了;克林顿更快,卸任当年就开始动工,而里根、林登·约翰逊、艾森豪威尔等甚至在卸任前就开始建造图书馆了。

至于特朗普图书馆,目前还完全没影儿。一来可能是他正私下忙着准备再次竞选总统,还顾不上考虑这事。二来,建造总统图书馆很复杂。

首先,需要很多钱。

总统图书馆不能动用联邦资金,也不能使用联邦财产。

克林顿总统图书馆

为了建图书馆，前总统们必须先创建一个非营利组织，筹集数亿美元。这在任期内进行会容易得多，总统下台时间越长，筹款就越困难。即使是那些很受欢迎的总统，也难逃这个规律。因此大多数总统在任期结束前就开始计划，甚至筹集资金。但对于特朗普这种任期仅一届的总统来说，筹款就要难一些，因为他们往往是在败选后突然离开白宫的。

其次，选址很困难。

几乎所有的总统都遇到过"选址问题"。杜鲁门的亲戚们不希望他使用家庭农场。肯尼迪生前选好了地址，但马萨诸塞州剑桥市市民不愿看到图书馆带来成千上万的游客破坏当地宁静，最后图书馆不得不改址到波士顿近郊的哥伦比亚角，那里原来是一片垃圾场，好在天才设计师贝聿铭将它变成了一个新景点。

奥巴马筹款能力强大，目前他仍是历史上筹集资金最多的总统。但他的选址——毗邻芝加哥大学的杰克逊公园遭到了当地社区的反对，动工计划因此被推迟了好几年。

芝加哥是奥巴马政治生涯的起点。反对者认为杰克逊公园是芝加哥南部最重要的休闲场所之一，奥巴马团队完全有能力另找个地方，为城市增添一处新景致。但对奥巴马团队来说，钱多也得紧着花，选在杰克逊公园，各方面成本要比另找一块有居民的地块低得多，因为无须动迁住户，也不用投入大量精力和金钱改造，能直接拥有公园的景观。

事实上，老虎伍兹也准备花3000万美元将该公园和附近的两座高尔夫球场合为一体，建一座能承办PGA赛事的高级别球场。

有一些总统会把图书馆建在大学里，如老布什、小布什、林登·约翰逊等，但大学也不是永远欢迎总统。杜克大学就拒绝了尼克松（他在那里获得了法律学位），斯坦福大学拒绝了里根图书馆。想来宾夕法尼亚大学也不太会愿意接受特朗普图书馆。

所以特朗普图书馆会选在其家乡纽约州，还是其海湖庄园所在的佛罗里达州呢？

第三，图书馆模式。

有了钱，有了地址，还要考虑把图书馆建成啥样，展示哪些内容，如何运营。

如果按传统模式，建好后捐赠给政府，那就意味着不仅要筹钱承建，还要筹钱给政府管理费。NARA的管理费可不低，据说可占整个项目成本的60%，但好处是从此可以省心。

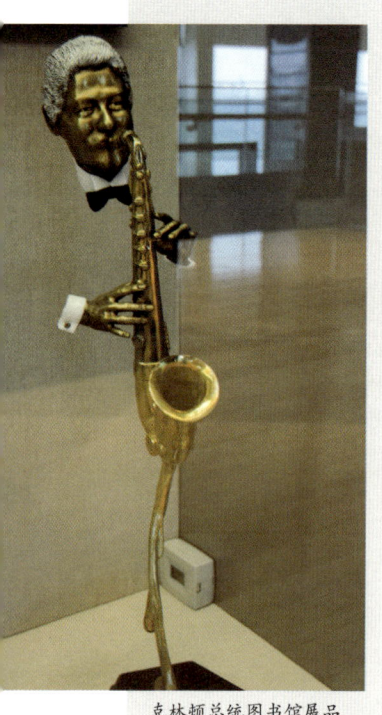

克林顿总统图书馆展品

因为如果自己管理,每年的费用估计要数百万美元。钱用完了,图书馆就得关门。据说尼克松的基金会当年管理了他的图书馆16年,最后不得不乞求政府将其纳入联邦图书馆之列。

奥巴马不差钱,但他决定放弃传统模式,建一个"奥巴马中心",而不是图书馆。这个中心比起图书馆,将去除"研究中心"和"档案"的功能,也不会有NARA介入。他为何作此选择目前并不清楚,但媒体分析,这样做他可以不受捐赠要求的限制,因而有更大的自由来描绘自己的总统形象,并以他喜欢的方式使用"奥巴马中心"。

在奥巴马基金会宣布这一消息后,NARA悄悄表示,希望未来的总统也能遵循这种新模式。或许NARA也受够了为总统图书馆宣传筹款的苦。这意味着,特朗普、拜登以及后来的总统们将很难回到传统模式。

小小一个总统图书馆,其实背后都是钱。美国的商业化连总统图书馆也不放过。这么一想,普通游客花一点门票钱就能尽情参观,而不用考虑它如何维持运营,也算是很轻松的事了。

当然，商人出身、从不向规则低头的特朗普，也可能创造出他自己的图书馆模式。比如把他的名字授权给某个大厦、赌场或高尔夫球场，再贴一个图书馆的标签，或者建一个"让美国更伟大"的主题公园，来重塑他的总统形象。但不管怎么样，没有图书馆总是不行的，放弃建图书馆，等于放弃了一个标榜自己、打造或恢复自己声誉的机会。

有报道称，特朗普正试图筹集20亿美元来建造特朗普图书馆。这将创造纪录，因为目前耗资最高的是奥巴马中心，预计约5亿美元。特朗普到底会打造一个什么样的图书馆呢？会不会从此把总统图书馆带偏？实在太令人好奇了。

让我们拭目以待吧。

我在虚弱的时候写了一本书。

——玛格丽特·米切尔

亚特兰大与《飘》

2019年,在新冠疫情全球暴发之前,我把美国南部转了一圈,首站是亚特兰大。

之所以先奔亚特兰大,不是因为那里是CNN和可口可乐的总部,也不是因为它是购物天堂,而是因为一本书——《飘》。我一直心心念念想看《飘》作者玛格丽特·米切尔(Margaret Mitchell)的故居。

事实上,我的美国南部游也是因这本书而起。我还特意预订了亚特兰大桃树街上的一个酒店。桃树街是玛格丽特居住过的街道,也是小说里出现的地名。

为了一个故居长途跋涉,飞行二十几个小时,中间还要转机,在机场逗留大半天,值吗?

值!

一个城市,本身是没有意义的,有了那些故事那些人,它才有生命力,

亚特兰大街景

亚特兰大机场

才会熠熠发光，才会让地球另一端的人产生浓厚兴趣。所以文学、音乐、电影、艺术……永远那么重要。

但我没想到，刚下飞机，亚特兰大就吓了我一跳。

我是凌晨五点多抵达亚特兰大的。机场空空荡荡，但椅子上坐着或躺着一些人。我像往常一样，取了行李，然后往出口方向走。但走着走着，我突然觉得有些异样，然后我意识到，机场里几乎全是黑人。

尽管我熟读《飘》，了解美国南北战争，知道战争的起因是北方早已工业化，南方还在种棉花，并实行种植园黑人奴隶制度，这严重阻碍了北方工商业的发展，南北矛盾和斗争日趋激烈，最终引发战争，并以北方联邦胜出、奴隶制被推翻告终。但亚特兰大作为南北战争时南方军队的战略要地，黑人比例如此之高，仍然让我始料未及。

我后来谷歌了一下，亚特兰大的黑人比例超过 50%，世纪初曾一度超过 60%，而全美黑人占比 2020 年为 13.5%。

我走到出口处，发现天还黑着。有人从门外进来，旋转门一转，外面的冷空气就直扑脸上。正值深秋，即使是南方,夜晚也很凉。我没多想,就走到一旁角落打开行李箱拿外套。

但就在我蹲着翻行李箱时,我忽然闻到一股刺鼻的臭味。我抬起头,这才发现,离我不远处的椅子上躺着一个人,应该是流浪汉吧,想必很多天没洗澡了,臭味一阵阵飘来。

机场还有流浪汉!这让我有些吃惊。我忽然想,刚才一路看到的躺着的人,是不是很多都无家可归?他们白天可能睡大街、桥梁下,到了夜晚就移步室内,地铁、机场,任何可以进得去的公共场所。

我连忙穿上外套,拉上行李箱,向火车站走去。

火车站就在机场出口处旁边。火车站里已经稀稀拉拉有几个人。靠墙有一排机器可以自助买票。我正在研究如何乘坐火车以及火车票价时,有一个黑人青年走过来问我要去哪里,并热情地告诉我可以买单日票或单程票。

那青年二十多岁,精瘦,眼睛闪亮,穿黑色连帽卫衣,就是常见的嘻哈打扮。我见火车还要过一会才启运,就想不如先去吃点东西,有了零钱再买票。所以我对他笑笑,谢谢他的帮助。正欲离开,他突然说,如果你可以给我也买张票就好。

我迟疑了一下,一张票也就几美元,但我身上没有零钱。我就很抱歉地说,火车还早,我现在没零钱,要先去吃点东西。他立刻理解地点点头,微笑说没关系,就走了,并没纠缠。

这时天还是黑的。我决定回到机场大厅吃个早餐。一个黑人中年妇女突然从后面靠近我,一脸严肃地对我说,"刚才那个男人不是什么好人,你不应该跟他说话。"

我吓了一跳,刚才我并没有注意到旁边还有其他人。她显然跟了我一段路,她手里并没有行李箱,也不知她为什么会在机场,但我想她是出于好意,所以我连忙谢谢她的提醒,并解释说,我刚抵达,还不熟悉情况。她立刻说,"我看得出来。你一看就不是本地人,你要倍加小心。"

我频频点头。她个子不高,但很有气势,说话像训诫老师,而我是犯了错的学生。我心里想,我还是赶紧吃点东西离开这儿吧,此时此刻在这个地方,我大概太引人注目了。

亚特兰大的哈茨菲尔德·杰克逊国际机场是全美最大也是最繁忙的机场,其次是芝加哥、洛杉矶、达拉斯的国际机场……纽约的机场都进不了前十。但因为是凌晨,繁忙都在出发区,抵达区的餐饮店只有两家开着,不是披萨就是汉堡。服务员倒是个白人女孩,动作麻利,但毫无笑容,眼神还有些警惕。说真的,这还是我第一次遇到这样严肃的服务员。美国服务业发达,餐饮服务员大都精神奕奕,语气欢快。

而眼前这个女孩强硬中带着疲惫，也许时间太早，人不在状态吧。

我随便要了点东西，找个位子坐下。餐饮区没什么人，只有不远处一对男女也在吃早饭。我本来想慢慢吃，但刚坐下，就有人推着清洁车过来问，桌上的东西还吃吗？我再次有些不知所措，不由自主拉了拉行李箱，心里想，可别把它当垃圾收了。

这时我开始后悔没有在机场直接租车入城。

美国是车轮上的国家，在美旅行我一般都租车自驾，下飞机后直接在机场取车上路。但亚特兰大是美国少数公共交通比较发达的城市之一，机场距离市中心只有11公里，有火车连接到机场，频次也挺高，到市中心我预订的酒店很方便，这让我觉得体验一下亚特兰大的公共交通是个好主意。

但我忘了，第一，我抵达时间太早，火车还没开始运营，我不得不在机场逗留好久。第二，这是南方，是亚特兰大。事实上，当我上了火车，我更加坐立不安。因为一整个车厢挤满了人，但除我之外，全是黑人。

我没有夸张。我真的环视了整个车厢，觉得自己就像一个异类，贸贸然闯入了一个不属于我的领地，而且无路可退。

这是我从来没有过的体验。我在纽约、波士顿、华盛顿、洛杉矶等城市都坐过地铁或火车，从没遇到这种情景。

美国是一个移民国家,走到哪都能看到各色人等,但在亚特兰大的这节车厢,只有我一个黄种人,和一车厢的黑人。

站在我前面的一个男青年,牛仔裤松垮到已经露出了一半内裤。我转头看向窗外,心里计算着还有多少站可以下车。这时,突然听到一声怒吼,一个刚上车的泼辣中年女人骂一个横躺在双人座位上的黑人青年不懂规矩。女人气势汹汹滔滔不绝,男青年倒没还嘴,默默坐起身一句话都没说。女人一屁股坐下,还在骂骂咧咧,但声音小了一些。其他人则都沉默以对。

我好奇地看着这一幕,不知怎么,心情忽然就放松了下来,觉得黑人也挺有趣。这要发生在国内,也许两人就吵起来了,被骂的或许会说"你想坐就直接说呗,吵什么吵,不会好好说话呀",骂人的就会理直气壮地还击"你占座还有理啦",然后旁边的人可能会劝架,越帮越忙。

黑人中年妇女是一个神奇的存在。她们大都胖胖的,不苟言笑,脸带怒容,说话大声,仿佛生来就有巨大权威,不管什么人都会避让三分。我想起我读书时,负责清理我们宿舍的也是一个胖胖的中年黑人妇女,每次她一到,我们都会立刻作鸟兽散,各回各房间。

女人到了中年,不管少女时多么清纯美丽温柔,都会变得泼辣疲惫不耐烦,这真是一件奇怪的事。黑人中年妇女似乎更加如此。不过美国黑人男性不论多么混蛋，绝大多数都非常尊敬和惧怕自己的妈妈，或妈妈级女性，很少会顶嘴，虽然他们不一定尊重自己的伴侣，很多人有了孩子也不管。可能这也是原因吧，黑人多半是由严厉的母亲抚养大的。

小说《飘》里面，郝思嘉的黑人嬷嬷也很严厉，总是对16岁的郝思嘉管教说，"你的礼貌哪里去了？""光着肩膀坐在夜风里要感冒发烧的，快进屋里来。""不行，你不能这样，只要俺还有一口气，就不许你这样。"

郝思嘉不是一个装模作样循规蹈矩的人，经常我行我素，胆大妄为。但她跟嬷嬷在一起，也就是讨价还价多争取点自由，从来没有颐指气使。

电影《乱世佳人》

她会问："一个女孩子要找男人为什么就该装得那么傻呀？"

嬷嬷答："俺想，他们想要的是耗子般的小姑娘，胃口小得像雀子，一点儿见识也没有。如果一位先生怀疑你比他更有见识，他就不乐意同你这位大家小姐结婚了。"

"要是男人们结婚之后发现他们的太太是有见识的,你说他们会感到惊奇吗?"

"是呀,可那就晚了。他们已经结婚了。"

"到时候我偏要照我所想做的去做,说我所想说的话,不管人家怎样不喜欢我。"

"不行,你不能这样。"嬷嬷担忧地说。

《飘》1936年一出版就引发巨大轰动,但书里呈现的这种主仆之间、不同种族之间亲密无间、其乐融融的和谐状态,被批为是对奴隶制的美化描述。小说还因"无处不在的种族刻板印象"而饱受争议。尤其在近年来美国掀起的反种族主义浪潮中,《飘》以及根据小说改编的电影《乱世佳人》更被视为毒草。

电影《乱世佳人》

不过,它仍然是有史以来最受欢迎的美国小说之一。根据小说改编的电影《乱世佳人》更是常年稳居票房冠军宝座。对我来说,《飘》是我少女时代的最佳读物,也是我了解美国南北战争的窗口。

我很快下了火车。只有我一个人在那一站下车。清晨,路上没什么人。我呼吸一口清新冷冽的空气,走在了桃树街上。

说也奇怪,我在后面的行程中,再也没有见过这么多黑人。无论我去CNN总部、可口可乐公司,还是参观玛格丽特·米切尔的故居、卡特图书馆,甚至美国黑人民权运动领袖马丁·路德·金的出生地改建的美国民权运动中心,黑人突然大比例地消失了,也不是完全没有,但就像任何其他美国城市一样,有白人,有黑人,有黄种人……

也因此,初抵亚特兰大时的惊诧就像梦境一样,但又如此清晰地留在我的脑海里。我想,如果我不搭公共交通,如果我不是凌晨抵达,我可能永远看不到这一幕。这么一想,我又觉得这次体验挺值得,让我看到了这个城市的另一面。

亚特兰大街景

我后来才知道,亚特兰大的机场位于城市南部,但亚特兰大较好的地段和地铁都位于城市北部。这让我想起我第一次到纽约时飞抵纽瓦克机场。从纽瓦克机场到曼哈顿要经过一段路,街景十分破旧,令人难以相信这是全球最繁华的都市纽约。而且这段路多年来都是如此，不见一丝发展。

我一个在美国生活几十年的朋友说，这种现象在美国很普遍，中产区跟贫困区泾渭分明，比如从芝加哥国际机场前往芝加哥大学，开车要经过很大一片贫困区，快到芝加哥大学时有一个巨大的公园"华盛顿公园"，公园这边很萧条，就是稀稀拉拉几栋破旧的房子，而公园那边就是佳境，一派先进繁荣的景象。这种对比令人感慨，感觉公园就像是一条隔离带，或一堵看不见的围墙。

今天的亚特兰大是一个矛盾的综合体。

它是美国最大的商业中心，也是重要的金融中心和陆空交通要地，是除纽约和休斯敦之外，500强企业最多的美国城市，包括达美航空、CNN、可口可乐等都把总部设在这里。因为出行方便，大公司多，物价又相对便宜，亚特兰大被认为是美国最宜居城市之一。但与此同时，这里又是犯罪率较高的城市，市区会有很多流浪者，夜间走路并不是很安全。

不过对游客来说，亚特兰大算得亲民。首先，它有火车直达机场和市中心。其次，它市区的景点较为集中。我住在桃树街上，去哪个景点都在步行范围之内。

亚特兰大号称"南方之都"，有500万人口，但市区人口不到 50 万，其余都在郊区。用美国作家格特鲁德·斯坦因的名言"There is no There, There"来形容亚特兰大市区似乎再合适不过。这倒不是说市区找不到好旅馆好餐馆（实际上我吃了一顿很美味的泰国菜），或遇不到一个有趣的人，但你看到的和经历的会很有限，可能会感觉"小"。

事实上，除了一点南方的历史和一点可口可乐，亚特兰大和其他美国城市似乎也没有太大区别。但这一点点历史，和一本全球畅销的爱情战争小说联系在一起，就足以使它吸引全球游客。

玛格丽特·米切尔故居

游客来到亚特兰大，不管喜不喜欢文学，可能都不会错过玛格丽特·米切尔的故居。

这是一栋维多利亚式的三层小楼，位于桃树街990号，也可以是新月街979号。1925年至1932年间，玛格丽特和她的第二任丈夫约翰·马什曾在这里的一号公寓住了7年，完成了《飘》的大部分写作（她从1926年夏天开始写这部史诗小说）。

进入房间，首先可以看到

玛格丽特的黑白肖像照和介绍她生平的手稿和文字。窗台边一个小写字台上，放着一台玛格丽特用过的老式打字机，下面有一句她的话："In a weak moment, I have written a book."（在虚弱的时候，我写了一本书。）

这个窗台几乎是这个房间唯一的自然光来源。但就是在这里，在这个窗台，一个天才作家写出了一部小说，为几代人定义了亚特兰大，并改变了好莱坞的电影制作。

《飘》以亚特兰大附近一个种植园为故事场景，通过郝思嘉与白瑞德的爱情纠葛，描写了美国南北战争前后南方人的生活，反映了奴隶制被推翻的过程。

小说于1936年6月30日出版，出版当天就引发巨大轰动，书标价3美元，却被炒到了60美元。（换算成现在差不多就是1200美元，近8000元人民币！）

玛格丽特·米切尔的女佣人回忆说："小说出版的当天，电话铃每三分钟响一次，每五分钟有人敲门，每七分钟有一份电报送上门来。公寓门口总站着十几个人，他们在静候着玛格丽特出来，以便请她在小说上签名。"

玛格丽特一生只写了这一本书,花了整整十年时间。这本书让她得了普利策奖和美国国家图书奖。

小说出版一个月后,好莱坞著名制片人大卫·塞尼兹克(David O.Selznick)以5万美元买下了小说的电影版权。在动用近万名演员和三个导演后,由《飘》改编的史诗爱情电影《乱世佳人》于1939年12月首映,亚特兰大全城为此放假一天。这部电影成为好莱坞影史上最卖座电影,还获得十项奥斯卡大奖。

玛格丽特·米切尔(1938)

饰演郝思嘉的英国演员费雯丽也一举成名。她此前只拍过一部电影,而且只有一句台词。《乱世佳人》于她就像是后来的《罗马假日》于奥黛丽·赫本,都是初出茅庐籍籍无名,然后一夜间红遍全球。

1940年夏,电影在中国上映,也大受欢迎,用翻译家傅

东华的话说,"上海的居民大起其哄,开了外国电影上映以来未有的纪录。"同年,由他翻译的中文版出版,也成了轰动一时的读物,甚至有人用它来当英文教科书。傅老看得惊奇,但坦承,这小说"虽然不能和古代名家的杰作等量齐观,却也断不是那种低级趣味的时髦小说可比——它的风行不是没有理由的,它确实还值得一译"。

也是傅东华将书名"Gone With The Wind"译为《飘》。我从小读的就是他的翻译版本,文字读来优美顺畅还风趣,书里第一句话就把我吸引住了:"那郝思嘉小姐长得并不美,可是极富于魅力。男人见了她,往往要着迷……"

但书里一些地名翻译跟现在的说法有些差异,比如亚特兰大翻成"饿狼陀"、佐治亚州为"肇嘉州"、弗吉尼亚为"佛金妮"、萨凡纳为"沙番"等,读的时候需要再想一想,但他的人名翻译很中文化,郝思嘉、白瑞德、韩媚兰、卫希礼……都尽量选中文姓氏里有的词来取名。美国华语媒体、中国台湾媒体等至今都保留着这一翻译习惯。

玛格丽特·米切尔的故居里收藏了小说的罕见译本。

而穿过庭院，则是电影展区，这里可以看到《乱世佳人》在亚特兰大首映式上的一些片段，主要演员的剧照、饰演郝思嘉的演员费雯丽在电影中穿的礼服、服饰道具以及报纸评论等。

即使你对电影很熟，看到80多年前的首映式上费雯丽还是新人的样子、观众的狂热劲以及当时的影评，还是会很感动。据说现在每年有近4万游客来到这里，观看电影片段、购买纪念品等。

《飘》还催生了其他旅游线路，如参观"塔拉之路博物馆"（Road To Tara Museum），《乱世佳人》巴士游等。此外，亚特兰大富尔顿公共图书馆也收藏了玛格丽特的一些物品，包括她的图书卡、个人照片，以及她为小说做研究用的书等。

可以说，《飘》已经成了亚特兰大的名片。

玛格丽特故居

玛格丽特·米切尔与郝思嘉

《飘》红遍全球,也让人们十分好奇,毕生倾力于写这部小说的玛格丽特究竟过着什么样的生活?她本人与郝思嘉到底有几分相似?

去过玛格丽特·米切尔故居,或许可以窥探一二。

电影《乱世佳人》

玛格丽特笔下的郝思嘉是南方大种植园塔拉的大小姐,聪明漂亮,充满热情和活力,集优雅与叛逆于一身,跳舞、调情是她擅长,没有男人不是她裙下之臣,只除了文质彬彬的卫希礼。

战争爆发前,郝思嘉最大的痛苦是她心爱的卫希礼要跟韩媚兰结婚了。她认定卫希礼这么做是不知道自己的心意,就向他表白,遭拒后气得狠狠骂了对方一顿,还砸碎了一个花瓶。

战争爆发后,郝思嘉最大的痛苦是塔拉家园的破败。当她冒着炮火回到塔拉,迎接她的却是母亲的去世和父亲的痴呆,以及全家在饥饿贫困中的挣扎。郝思嘉不得不当起一家之主,曾经娇滴滴的她开始下农田摘棉花,想尽一切办法重建塔拉，守护自己的家园和家人。

郝思嘉也许生活在19世纪60年代，但她的坚定决心和独立精神至今仍能引起人们的共鸣。这是一个充满激情的女人，结过三次婚，有自己的事业，尽管在小说结尾被丈夫独自留下，但她拒绝沉浸在被抛弃的痛苦中，相信"明天又是新的一天"。

显然，玛格丽特·米切尔钦佩那些不屈不挠、在艰难时刻战胜困难并最终幸存下来的强者。她曾说过，如果她的小说有一个主题，那就是生存，"我写的是有魄力的人和没有魄力的人"。

在80多年前就能写出女性的强悍和自主意识，玛格丽特必然出身不凡，且绝非传统乖乖女。

玛格丽特·米切尔（1900年11月8日—1949年8月16日）出生于亚特兰大一个富有且政治地位显赫的家庭，父亲是律师，母亲则是亚特兰大妇女选举权联盟主席，一个女权主义者，她曾带玛格丽特参加女性参政权集会，她在集会上慷慨激昂地发表演讲，玛格丽特则坐在平台上，身上挂着"投票给女性"的条幅。

玛格丽特与父亲

玛格丽特的童年在亚特兰大市中心以东的杰克逊山庄度过，那是她外婆的房子。外婆开明而有个性，丈夫去世后，把钱都花在了女儿们身上，其中包括玛格丽特的母亲。她把她们送到北部的高等学校读书。从小，外婆跟玛格丽特讲述了很多关于内战和亚特兰大重建的事。玛格丽特全家后来离开杰克逊山庄，搬到了桃树街上。杰克逊山庄则在1917年亚特兰大大火中被烧毁。

玛格丽特小时候，周日下午经常会一家人拜访老兵亲戚，她从中了解到一些战争的细节，但直到十岁她才知道南方打了败仗，她当时感到"难以置信，还很愤怒"。（其实到现在还有人坚守南方，和美国政府作对。）

18岁那年，母亲死于西班牙大流感，这对玛格丽特打击很大。之后她无心学业，从史密斯学院退学后，在《亚特兰大日报》找了份工作，用佩琪·米切尔的笔名为报纸撰写周日专栏，薪水是每周25美元。

20岁后，玛格丽特开始出入社交场合，举止大胆，有一次她在一个慈善舞会上跳了一支阿帕奇舞，舞中还与男舞伴亲吻，震惊亚特兰大上流社会。当时，阿帕奇和探戈均被认为过于色情而不被接受。

玛格丽特曾说自己是一个"肆无忌惮的调情者"（unscrupulous flirt），她曾同时和几个男人交往，却坚称自己并没有欺骗误导他们中的任何一个。曾有当地八卦专栏作家在1922年写文章说,玛格丽特比亚特兰大任何女孩都有更多真诚的追求者。

22岁那年她不顾家人反对,嫁给了不学无术靠走私酒品赚钱的厄普肖,但三个月后就因对方家暴而分手,两年后办妥离婚手续。随后,24岁的玛格丽特嫁给了29岁的约翰·马什,他也是她第一次婚礼时的伴郎。婚后两人搬到桃树街990号一号公寓居住,他们把它称为"垃圾场",也就是现在的玛格丽特·米切尔故居。

这个故居见证了传奇的派对、伴随着留声机播放曲调的舞蹈、各种调情和酒类消费,还有大量的内战和家族史的写作,这些都成了小说《飘》里的内容。

在搬到"垃圾场"前,玛格丽特为报纸工作的四年里写了数百篇文章,包括洞穴探险、南部联盟老兵的采访故事,甚至还有"丈夫应该打妻子吗"等内容,其中一些文章空洞而浮夸。

但嫁给约翰、搬到"垃圾场"之后,她的写作发生了变化。

约翰·马什是肯塔基州的一名文字编辑，曾在美联社工作。婚后，约翰给她弄了一张可折叠的橡木桌，玛格丽特则从雇主那里搞了一台二手雷明顿打字机，开始将她从小从长辈那里听来的种植园故事、她外婆的回忆、对亚特兰大老兵的采访，以及她自己经历的事件写下来。

玛格丽特小时候曾被一匹小马绊倒而弄伤了一条腿（这成了《乱世佳人》中邦妮骑马跨栏悲剧的场景）。成年后，她不得不穿特制靴子，并经常关节炎发作而无法走路。有一段时间，她让丈夫坐电车到市中心的卡内基图书馆来来回回地查阅大量关于南北战争的书籍资料。这样过了几个月，据说约翰终于恼了，对她说："关于战争的书你都读过了。你为什么不自己写一本呢？"

这句话催生了当代最畅销小说之一《飘》，可见伴侣是多么重要。

玛格丽特的第一任丈夫狂放不羁，脾气暴躁，酗酒家暴样样来，使玛格丽特身心俱疲。离婚时他还敲诈了约翰·马什一笔钱，并要求玛格丽特承诺不告他，才肯在离婚书上签字，也算渣男一个。幸好玛格丽特及时离开了他，否则世界可能就少了一部旷世之作。

而约翰则是玛格丽特的福星。从1926年玛格丽特提笔到1936年《飘》问世，整整10年时间，他白天在电力公司工作，晚上则帮妻子的书稿编辑。约翰对妻子的天赋深信不疑，用他自己的话说，"我愿舍弃一切去拥抱这种天赋"。为了那冥冥之中的辉煌，约翰舍弃了自己的追求和享受，将全部智慧和精力都倾注于玛格丽特的创作当中，并以此为己任、为乐趣。

如果没有约翰的鼓励和支持，玛格丽特也许都没有意识到自己的才华，更别提发挥了。因为她在就读史密斯学院时成绩一般，对自己的写作能力评价也很低。

所以说，好的伴侣能激发潜能，让自己变得更好，而坏的伴侣，则会把你内心的恶激发出来，变得自我怀疑，自我贬低。

遇到约翰绝对是玛格丽特最大的幸运。1929年开始，她把时间都花在了写小说上。1932年，约翰在电力公司广告部得到晋升，加了薪水，他们便从"垃圾场"搬到了光线充足的罗素公寓。《飘》的手稿也被装在破烂的文件夹里，在宽敞的新公寓里又藏了几年，直到被正式出版。

玛格丽特其实还写了一个中篇小说 Ropa Carmigan，但

玛格丽特夫妇（左二三）与克拉克·盖博

从未发表或公开过。因为这是一个挑战南方最大禁忌——跨种族之爱的故事，讲述了种植园主的女儿洛帕·卡密根和一个英俊的奴隶之间注定要失败的爱情。手稿被意外夹在装有《飘》的盒子里，寄给了纽约的出版商。当她意识到错误后，立刻要求出版商退回书稿。1949年她去世后，手稿被约翰·马什烧毁。

玛格丽特走得很突然。1949年8月，她与丈夫去看电影，过桃树街时，被一辆超速行驶的汽车撞倒，当场失去意识，5天后在医院去世，享年48岁。玛格丽特葬在亚特兰大奥克兰公墓，丈夫约翰于1952年去世，葬在她旁边。

细观玛格丽特的一生，桩桩件件，似乎都能和她笔下的故事有所牵连。

玛格丽特的爷爷曾参加南北战争，内战结束后做木材生意发了大财（小说里郝思嘉战后也开起了锯木厂）。

玛格丽特从小生活的庄园成了小说里野餐烤肉的重要场景，她暗恋的卫希礼的原型是她年少时初恋的英俊军官。她大跳阿帕奇舞与郝思嘉身穿黑色孝服也要跳舞一样惊世骇俗。

此外,母亲的去世让玛格丽特成了家里的女主人。如小说一样,母亲一直是父亲生活的动力和勇气,母亲去世后父亲便失去了所有的活力,开始选择逃避。这与郝思嘉的处境十分相似,玛格丽特无形中将自己的生活融入了小说。

至于爱情,恐怕也和她的亲身体验有关。

年少时不懂爱情,如同郝思嘉一样,玛格丽特也有一种反叛气质。她一时冲动与厄普肖结了婚,后来才意识到他跟自己并非同类。

小说里,郝思嘉一直爱着自己并不懂的卫希礼,到最后才发现卫希礼其实是一个软弱的现实逃避者,这让她万分失望,并意识到强壮有力的白瑞德才是她真正心仪的男人。

"她从未真正理解过她所爱的那两个男人中的任何一个,所以她把两个人都失去了。"这是玛格丽特对郝思嘉爱情的总结,也是她对自己的总结。

她还在小说里借父亲的话,指出婚姻必须得是同类结合。

父亲这样对郝思嘉说:"咱们家和他家不一样,他们家的人很古怪,瞧他们今天跑纽约,明天跑波士顿,去听什么歌剧,看什么油画,那个忙乎劲儿!还要从北方佬那儿一箱一箱地订购法文和德文书呢!然后他们就坐下来读,大好时光要是像正常人那样用来打猎和玩扑克,该多好呀!"

"你对卫希礼毫无理解可言。我很喜欢他,可对他说的那些东西,我几乎全都摸不着头脑。你理解他关于书本、诗歌、音乐、油画以及诸如此类的傻事所说的那些废话吗?"

年轻的郝思嘉不信这个邪,不耐烦地说:"爸爸,如果我跟他结了婚,我会把这一切都改变过来的!"

"啊,你会!"父亲狠狠地瞪了她一眼说,"这说明你一点都不了解男人,你可千万记住,没有哪个妻子会改变丈夫一丁点儿。"

郝思嘉的美在战前是单薄的,但当她成长为一个女人,她表现出的坚韧和顽强,令因为战争而陷入崩溃的卫希礼相形见绌,也让"同类"这个词有了更深的意义。

至于白瑞德,那是另一种男人。郝思嘉与他势均力敌、心理较量式的爱情,今天读来也饶有趣味。白瑞德爱上了郝思嘉,还娶了她,但由于郝思嘉对卫希礼的迷恋和白瑞德不愿表达自己的感情,他们的关系一直磕磕绊绊。因为白瑞德知道郝思嘉蔑视那些她可以轻易赢得的男人,所以他拒绝让她知道她早已赢得了他。

他俩之间充满激情而又动荡的爱情故事,推动了小说情节的发展,也是电影《乱世佳人》最大的看点。

两位男女主角的选角工作进行了整整两年。尤其是女主演,几乎所有好莱坞当红女星都去试镜了,最终选中英国演员费雯丽。

据说在拍摄《乱世佳人》期间，费雯丽每天工作16个小时，每周工作6天，共工作了125天。高压之下，她每天要抽四包香烟，而男主克拉克·盖博每天抽三包烟。

克拉克·盖博当时已经如日中天。一开始他不愿出演，最后给了他5万美元奖金才把他说动（费雯丽当时的片酬也就2.5万美元）。

盖博将"并不是上等人"的白瑞德演得惟妙惟肖。玩世不恭的眼神、漫不经心的表情、常带一丝戏谑的笑容……让郝思嘉第一次见到他时就觉得很不自在——"好像他知道我没穿衬裙会是什么样子似的"。

玛格丽特与两位主角在影片首映式上

至今，《乱世佳人》里的经典台词——"胡说八道"，"坦白说，亲爱的，我不在乎"，"明天又是新的一天"仍然被广泛重复和模仿。

不过当时，因为影片里白瑞德爆粗口，用了"damn"这个词，制片人大卫·塞尼兹克还被罚了5000美元。

《洛杉矶时报》曾评论说："《乱世佳人》既是一部成功

的史诗片,又是成功的爱情片,这在美国电影史上很罕见。"它也以其华丽的摄影、夺人心弦的表演、精湛的配乐和整体的歌剧风格,被认为是好莱坞电影制作的巅峰,特别是那场耗费巨资的亚特兰大大火场景,令人难忘。

费雯丽因扮演郝思嘉成了奥斯卡影后,盖博却遗憾错失影帝桂冠。饰演嬷嬷的海蒂·麦克丹尼尔(Hattie McDaniel)成为第一位获奥斯卡奖的黑人演员,但她和其他黑人演员被禁止参加电影首映式。

1976年,《乱世佳人》在NBC首次播放时,有创纪录的47%的美国家庭收看。由于影片长达近4个小时,电视台不得不分两个晚上播放,但两天都获得了极高收视率。

不过近年来,随着争议四起,《乱世佳人》的受欢迎程度正在下滑,被后来的《教父》《辛德勒的名单》《阿甘正传》等影片超越。

还有评论认为,1939年是电影史上最辉煌的年份之一,而《乱世佳人》并非当年最好的电影。《游戏规则》《呼啸山庄》《绿野仙踪》等都应排在它前面。

旷世之作还是毒草?

盛名之下,《飘》也引发巨大的争议。争议主要集中在两点。除了前面说过的对奴隶制的美化和对非裔美国人充满偏见的刻画之外，《飘》对南北战争前南方生活的颂扬，也让许多批评家感到不安。

在批评者看来，《飘》仿佛在说：南方曾经是伊甸园，对黑奴并没伤害，却遭到了不那么文明的北方人的攻击，因为他们嫉妒南方的田园生活。和平的南方人被迫卷入战争，以往的生活就此"随风而逝"。

而且书里把北方人写得很糟糕，几乎没有可取之处。他们醉醺醺地在街上打滚，放火焚烧建筑物，偷窃和欺骗，让获得自由的黑人背叛他们以前的主人。

批评者认为，这种表述简单而片面，是狭隘的地域主义的表现，《飘》就像是一本19世纪美国南方的宣传册，而它的畅销更强化了这种地域偏见文化。

不过，对我这个中国读者来说，《飘》仍然是一部引人入胜的神奇之作。

首先，它创造了一个有着坚定意志、永不言弃、充满蓬勃生命力的独立女性形象。

郝思嘉勇往直前，跟男人一样为生活打拼的精神，放在今天都是妥妥的大女主。究其实，《飘》讲述的不是爱情，不是战争，而是生存。人们经历磨难，却依旧勇敢地生活下去。他们在动荡年代所持有的生命力和不屈精神，是如此动人。

其次,《飘》对那时美国南方生活的描写非常有趣细致。比如它说,围着郝思嘉转的那些富家子弟"从小都有人服侍着,可是他们的面孔都不像娇生惯养,倒像是乡下的粗人,因为习惯户外活动"。

"人们未脱粗犷气,并不懂得怎样叫文雅,也不以读书少为耻,他们所关心的只是棉花要种得好,马要骑得好,枪要打得准,舞要跳得轻快,追女人要追得得体,喝酒要喝得像个温文尔雅的绅士。"

而女性,需要束腰束到透不过气,连呼吸都困难才出门,这样聚会时才会有好的仪态,因为已经吃不下什么东西。

野餐、舞会、获得男人青睐是她们全部的追求,如果假装晕倒便能达到目的,那就晕倒好了,如果卖弄风情或装傻就能够吸引男人,为什么不呢?

至于北方姑娘,她们想啥说啥,是不会有什么人向她们求婚的。就算结婚,按黑人嬷嬷的说法,"也是为了钱男人才娶她们的"。

这些描述和对话都令人莞尔。

我读的时候,甚至联想到了美国前第一夫人希拉里·克林顿。希拉里第一次到南部阿肯色州拜见男友比尔·克林顿的母亲时,很不讨对方喜欢。在北方芝加哥长大的希拉里是个学霸，衣着随便，思想前卫。但南方女人克林顿母亲觉得女人就该穿裙子，涂鲜艳的口红，向男人展现女性魅力。两人第一次见面不算愉快。

要知道，那已是南北战争结束100年以后。克林顿后来当了阿肯色州州长，希拉里作为他的妻子，不愿放弃工作，还爱穿长裤，因而饱受批评。当地人认为，女人穿裙子做蛋糕才像个女人。可想而知，《飘》时代的美国南方有多保守。

幸好玛格丽特的母亲曾在北方就读，思想超前，并付诸行动，努力推动了女性参政权。没有她的言传身教，玛格丽特何以创作出郝思嘉这样的女性呢？

直到今天，美国最知名的大学大都集中在北部。而南方仍到处可见南北战争时南方联盟军将领罗伯特·李的雕像（虽然在反种族主义浪潮中已经被推倒了一些）。亚特兰大石山公园里就有杰斐逊·戴维斯（时任美国总统）、罗伯特·李和托马斯·杰克逊（南方联盟军少校）的浮雕像。亚特兰大的景点和遗址都带有强烈的内战印记。

亚特兰大石山公园里的雕像

其实早在《飘》出版前,玛格丽特在写给编辑、出版商和朋友的信中就预测,评论家和历史学家会在她的书中寻找证据,证明她不了解战争。但她在演讲和信件中骄傲地指出,她花了很长时间反复核对历史事实,尽管可能会有一两个错误,但这些错误只是吹毛求疵的学究们可能会发现的那种细微差异。毕竟,这些地理和时间准确性的问题确实不值得检查。

对历史的评述是很难客观的,就像新闻很难完全客观一样,总是会受写作者的性别、出身、种族、宗教信仰、教育背景甚至胖瘦美丑的影响,也会受时代的局限。如果你现在去看80多年前男作家的小说,估计到处都是歧视女性的言论。

小说既要塑造丰满的人物形象,又要讲述史实,且不能扭曲时代精神,这给小说创作赋予了太沉重的负担。

如果你依赖小说或电影对历史做出清晰、准确的看法,你每次都会失望。把历史留给历史学家吧,小说和电影是讲故事的,很少有故事能像《飘》那样讲得好。

事实上,《飘》之后,有很多人有意无意地模仿玛格丽特·米切尔,写了一些有趣或无趣的故事,但始终没人能超越她。原因很简单,因为《飘》讲了一个好故事,而且讲得非常好。

世界若有十分美丽,九分在耶路撒冷;
世界若有十分哀愁,九分在耶路撒冷。

——《塔木德》

耶路撒冷的美与愁

去巴以地区，不同的人有不同的游法。

作为世界上最著名的宗教圣地，以色列和巴勒斯坦经常被认为是信徒们的终极朝圣目的地。毕竟，犹太教、基督教、伊斯兰教这三大宗教据说都起源于这里。

很多人会走"耶稣之路"，寻找耶稣的足迹。从纪念耶稣诞生的圣诞大教堂（位于巴勒斯坦伯利恒），赴耶稣受难的苦路14站，到达圣墓教堂，感受信仰的力量。

但对于不太热衷宗教观光的游客来说，巴以地区还有很多其他可玩的地方，比如死海就是一个独特的自然奇观，在那里你可以仰面躺在海上看书而不会沉没。加利利湖地区也很适合徒步。特拉维夫可以欣赏美丽的地中海风景，世界文化遗产马撒达也很值得一看，还有南部内盖夫沙漠景观。

而对我来说，人永远是最美的风景。我走的是新闻之旅。

我开车把以色列和巴勒

斯坦约旦河西岸转了个遍，也去了加沙边境和戈兰高地，参观了"人民公社"基布兹，访问了犹太人定居点，看了犹太人大屠杀纪念馆（其建筑设计是一绝，强烈推荐）。从死海到地中海，一路大开眼界，也经历了不少意外。

"人民公社"基布兹

当你前往一片陌生的土地，很多时候你遇到的事情，是你动身前做攻略时完全想不到的。去中东地区尤其如此。

我在以色列和巴勒斯坦旅游时，几乎每一天都在惊讶、感动和感慨中度过。在那里，我的奇遇也比在任何其他地方都多。

从约旦入境以色列

我是从约旦首都安曼经陆路进入以色列的。

约旦比较中立，号称"阿拉伯的瑞士"，富裕程度一般，开放程度中等，既不像沙特那么保守，也不像"中东巴黎"黎巴嫩那么奔放。在约旦既可以看到身穿长袍、包裹头巾的

约旦佩特拉古城

约旦古城杰拉什

传统妇女,也有热情奔放的现代女性,"最美王后"约旦王后拉尼娅就是其中代表。

约旦男人对娶四个老婆这个话题也反应激烈,我的司机说:"这都什么时候的事了,谁娶得起啊。"他们大都穿牛仔裤T恤,以至于我看到身穿白色长袍的男子都眼前一亮,觉得格外圣洁。

别的中东国家战火不断,约旦却是电影制作者的天堂,从1962年的电影《阿拉伯的劳伦斯》,到2015年的电影《火星救援》,都在这里取景。约旦是中东唯一没有石油的国家,还缺少水资源,但旅游资源丰富,佩特拉古城和其他遗址都令人流连忘返。

也是在约旦,我第一次品尝了美丽的阿拉伯红茶。阿拉伯人喝红茶不放奶,放

糖和桂皮一起煮，喝的时候再放一片薄荷叶，颜值口感都上乘。

约旦与中东各国都保持着良好关系，也是出入以色列最方便的阿拉伯国家。

以色列有五个邻国，北靠黎巴嫩，东临叙利亚、巴勒斯坦及约旦，西南则为埃及。

以色列与叙利亚隔着戈兰高地，常年冲突不断。以色列跟黎巴嫩的边境已关闭数十年，也没航班来往。从以色列去黎巴嫩是不可能的事，要先到约旦，再到叙利亚，在叙首都大马士革乘大巴，翻过山才能到黎巴嫩首都贝鲁特。这简直是开玩笑。

戈兰高地出乎意料的绿

在中东，只要涉以就得绕圈。从阿拉伯国家到以色列，能不飞就不飞，这是经验之谈。因为直飞航班就算有也少之又少。比如从以色列特拉维夫到埃及开罗，一周只有两个航班（新冠疫情前），而且价格不菲，当然你也可以绕远从雅典或伊斯坦布尔转机,如果你闲得发慌的话。

对以色列来说,约旦绝对是最为友好的邻国。它也是以色列与其他阿拉伯国家之间的中转站。但即便如此,跨越约以边境仍很费时。

那天一大早我就前往约旦侯赛因桥(King Hussein Bridge)关口,以色列称艾伦比关口。艾伦比(Allenby)是英军将领,在一战中从土耳其帝国手中夺取了耶路撒冷。之后漂泊在世界各地的犹太人开始"犹太复国"运动,大量回到耶路撒冷。从两边名字也能看出不同立场。

从关口这边到那边其实就隔了一条约旦河,大约一公里路程,但跨越这条河,前后花了四个小时。

手续异常烦琐,且重重关卡。首先要在约旦这边盖章出境,再买票乘坐班车统一过去。因为人多,往往需要排很长的队。然后在以色列那边办入境,因检查严格,又需要排长队。约旦方面是人为设了很多岗位,要排好几个队,效率低下,而以色列方面是不肯多设岗位,只有一个通关窗口。所以实际通关进程很慢。

从约旦到以色列的陆路

以色列关卡入口处

关口有三个，侯赛因桥关口是唯一可以避免护照上留下出入境印章的关口，这也是它拥挤的原因之一。一些游客担心，护照上的以色列入境盖章会影响日后去阿拉伯国家旅行，因此在通过侯赛因国王桥时，会要求海关官员在一张单独的入境纸上而不是护照上盖章。这是唯一允许这样做的陆路通道。

总之，等我进关以色列后，再乘坐半个多小时大巴，穿过沙漠地带抵达耶路撒冷时，已是下午。

当然，北京上海现在都有直飞以色列的航班，这也许可以让入境更为简单。不过那样你就少了一点在以色列和阿拉伯国家之间陆路进出的体验。有时经历比什么都珍贵。更何况约旦本身也很值得一游。

很多人说到以色列，首先担心的是安全问题。其实大可不必。以色列可能比世界上任何地方都更安全。因为首先，以色列的情报系统很厉害。以色列本·古里安机场可能是全世界恐怖分子最感兴趣的袭击目标，但最近的一次袭击事件还是发生在1972年。其次，特殊的环境造就了他们一整套特有的安检方式。比如所有行李上飞机前都会经过"安检屋"再次安检等。

我后来因为去了"不该去的地方"，过检查站时遭到了以色列士兵的严查和盘问，亲身体会了一把他们严格的安检流程。这个我后面会详述。

感受巴以冲突

说巧不巧,我抵达耶路撒冷当天凌晨,巴以正好爆发新一轮冲突。这与时任美国总统特朗普宣布要将美国大使馆从特拉维夫迁到耶路撒冷有关。那天是2018年3月底,而美国大使馆正式迁址是在同年5月。这个时间节点对我的旅行很重要。

因为爆发冲突,我本来在休假中,也切换进入工作模式,做了几次现场报道,有一次还是在戈兰高地做的。戈兰高地出乎意料的绿,经常可见联合国士兵和车队,但那里的网络信号非常不稳定,人就不敢动,一动信号就没了。一路苦了我同行的小伙伴们,时不时得中断行程,等我完成工作。

不过,冲突主要发生在加沙。加沙和约旦河西岸都算是巴勒斯坦领土,但两块地方被以色列隔开。加沙由哈马斯控

戈兰高地

制,但被以色列军队封锁,如同孤岛,里面的人不能自由出来,外面的人也不能随便进去。

加沙之外倒无太大影响。耶路撒冷虽然同时是犹太教、基督教、伊斯兰教的圣地,堪称全球最复杂的地方,但依然游人如织,人们该干吗干吗,平静得很。

我们一行四人,从四个地方飞到中东会合。第一晚就在耶路撒冷老城附近吃了一顿阿拉伯食物沙威玛(shawarma)。沙威玛类似于土耳其烤肉和希腊旋转烤肉,含有羊肉、鸡肉、火鸡肉、牛肉,置于垂直的烤肉叉上烧烤,然后不断将表面已烤熟的肉削下,配以蔬菜沙拉、中东烤饼、番茄和酸黄瓜一同食用,非常好吃。

耶路撒冷老城

这个沙威玛店面很小,我们是坐在外面一张四方桌上吃的,类似中国的夜市,或路边摊。抬头就能看到夜色中的耶路撒冷老城城墙。我还在旁边一个推车上买了杯石榴汁,好像约合10元人民币,记不太清了。

耶路撒冷并不大,但不同文化、宗教、民族同处一城,泾渭分明。西耶路撒冷是以色列的核心地带,东耶路撒冷则以阿拉伯人为主。东西两边风貌截然不同,发展水平悬殊。

耶路撒冷老城更为特别。这个面积只有一平方公里、被城墙围起来的老城,又分为犹太区、基督区、亚美尼亚区和穆斯林区。四个区也风格迥异。

耶路撒冷老城

耶路撒冷最重要也最引发争议的宗教圣地——犹太教的西墙(又称哭墙)和圣殿山、穆斯林的圆顶清真寺和阿克萨清真寺,以及基督徒的圣墓教堂和苦路——均位于此。

三大宗教比肩而立,也难怪这里既独一无二,又纷争不断。

抵达第一晚,我就感受到了另一种"巴以冲突"。

因为他们三个预订了同一个酒店,而我订在另一个地方,因此吃过晚饭,我跟大伙告别,前往事先在 Booking.com 网站上预订的酒店。

花了一点时间才找到地方。令人吃惊的是,那完全不像是酒店,而是一栋公寓楼。一楼没有大堂,坐电梯上到我要去的楼层,也没看见什么接待处。有一个房间的门半开着,里面传出说话声音,貌似有点像管理办公室。敲门推开,看见里面有一男两女正聊着天。我连忙说明来意,那男士看着我,疑惑地重复了一遍:"你预订了房间?"

我心里暗想,大事不妙。果然,他翻看记录,说他们已经没有空余房间了,而记录里并没有我的名字。

这怎么可能呢?我给他看我的预订记录,他便拿个本子在那里翻啊翻。十五分钟过去,他还在那里翻,偶尔拿起手机打电话。那时已是晚上十点多,我忙了一天又累又渴,忍不住问他,找到房间了吗?他摇摇头,说他在给别的酒店打电话。我见他慢条斯理毫无头绪的样子,猜他可能不是专职管理人员,就自己联系同伴,问他们住的酒店是否还有房间,有的话帮我订一间。谢天谢地,他们那里还有空余房间。

男人见问题解决了,松了口气,问是哪家酒店多少价钱。我一愣,心里想,难道他怕我订个超豪华酒店让他买单？就对他说，他这里退我房费就可以了，然后问他能否帮我叫辆车送我去新地方，他又露出为难的样子。这时，旁边有个年轻人说，我来送她吧，我正好下班了。

这个年轻人是酒店的司机。我们一起下了电梯，他帮我把行李放到车上，我给他看要去的酒店地址，他点点头，对我说："你别介意，他们就是这样。"

我有点意外，抬起头，看向他。

他解释说："我是阿拉伯人。我们阿拉伯人，对人不会这么冷淡。"

我没想到会在这样一个场合，突然介入犹太人和阿拉伯人的宿怨之中。我连忙说："谢谢你送我，不然这么晚了，我还真不知道怎么办。"

他答："不用客气。我顺路，很快就到了。"

我坐在副座上，其实有很多问题想问他，比如为犹太人工作是什么感受，工作时间怎样，薪水如何，对新一轮冲突怎么看等等，但我最后什么都没问。经过这番折腾，我有点累，也怕说错话。

很快我们就到了同伴们订的阿拉伯人开的酒店。他帮我从车上拿下行李，送到酒店门口，就开车走了。

这是我旅行这么多年第一次遇到酒店问题。我不知道是Booking.com网站没做到位，还是酒店方管理出了岔子，又或许犹太人都是做大生意的，这种小事懒得费劲。

后来有个在美国读完硕士又跑到以色列去学习中东研究课程的女孩告诉我，犹太人没啥服务意识，即便在五星级酒店，服务员也不会主动跟客人打招呼。他们觉得这就是一份工作，不存在"顾客是上帝"这一说法。以色列全民皆兵，满18岁就得服兵役，都是当兵出身，性格就比较硬，不会绕弯子，谈生意也是一上来就谈钱，他们觉得没必要套近乎拉关系。

她说，美国人拒绝别人时可能会说"我很抱歉，可是这里只对音乐学生开放。对不起"，但以色列人只回答你"不行"，没有任何解释。

她一开始非常不适应，觉得对方很生硬没礼貌，但久而久之也习惯了。以色列人觉得美国人那套才叫虚伪，浪费时间。不过如果他跟你熟了，态度又会不太一样。

我在后面的行程中，无论是住宿还是吃饭，倒都没有觉得以色列人的服务有什么可抱怨的地方。事实上，我们在海法美酒佳肴吃了一顿非常开心的大餐。也许，只有在出现问题的时候,才能反映性格。

但我发现,以色列司机超没耐心,经常红灯还没转黄就摁喇叭,吵得很,也不知他们急啥,难怪这里动不动就打仗,冲突不断。

据说以色列人对车子剐蹭也抱无所谓的态度,无论是他剐蹭别人还是被别人剐蹭,都可以一走了之,他们就不觉得这是个事。中国人刚去那里买辆豪车,经常心疼得不得了。不过想想也是,一个常年处于警惕状态的国家,还讲什么服务拘泥于什么细节呢。

认识正统犹太人/哭墙

当你站在耶路撒冷老城城墙下,你很容易心情复杂。

这个曾一次又一次被征服、拆毁、重建的历史小城,未曾有过帝国的辉煌,也从来不是经济中心,却命运多舛,然而又顽强挺立,成为很多人的精神家园。虽然它是不同宗教信众分裂和冲突的焦点,但奇妙的是,他们都对这片圣地充满敬意。

走在耶路撒冷老城,有种历史和现实的交错感。老城迷宫般的小巷里到处都是宗教遗址和令人难以置信的历史。但与此同时,我又常常被帅气的以色列女兵、店家门前五颜六色的浆果摊位所吸引。有时一抬头,老城特有的石头拱门

旁，赫然可见高挂的中国品牌空调。

传统服饰和现代服饰的交融也是耶路撒冷独特的一道风景。经常有穿着传统犹太服装的人向我迎面走来。他们通常头戴黑帽，身穿黑色长外套，内穿白衬衫，有人还会加上一件黑色背心。最引人注目的是他们坠在衣服四角的流苏，也就是几条白线。黑白配、长鬓角、络腮胡、白流苏……这正是正统犹太人的典型打扮。

犹太人散落在世界各地，大部分已很难从相貌上区分开来。耶路撒冷可能是你最能看到正统犹太人的地方。尤其在周末安息日更为常见。有时,他们一大群走过,颇为壮观,让人忍不住驻足,行注目礼。但他们一般都目不斜视,兀自前行,不会左顾右盼,与他人眼神接触。

正统犹太人据说以教为生,并不工作。生活半径很小,不跟异族通婚。而极端正统派犹太教(又称哈雷迪 Haredi),更是享受着"国家包养"的生活,连兵役都不用服。

在哭墙下,经常可见哈雷迪教徒的身影,他们除了黑衣

黑帽大胡子,面颊两侧还有两根小辫垂下。通常坐个小椅子,手拿圣经,一坐就是一天。

他们自认是最正宗的神的儿女,恪守传统信仰和礼俗。据说他们家里没有电视、电脑,生活节奏很慢,通过社区海报获取信息,陌生男女之间不能有任何交流。男孩上宗教学校,女孩不读书,满18岁就嫁给父母指定的、素未谋面的丈夫,25岁时可能已经有9个孩子。他们的一个重要使命就是生孩子。婚后平均每个家庭会生10个孩子,有的甚至能达到20个。也因此,这个群体的人数增长迅猛,所占人口比例越来越高,加重了政府的负担。

不过,也有正统犹太人在逃离。诱惑主要来自智能手机和互联网,因此拉比们如今正费力地保护学生免受世俗世界的影响。

当然,以色列人不都是正统犹太人。所以,也有以色列士兵很愉快地告诉我,他女朋友是韩国人。

而犹太女性的装扮里,也有一样东西激发了我无穷的兴趣,那就是头巾,称为 Tichel 或 Mitpa。

犹太女性的头巾和阿拉伯女性的头巾最大的区别就是，前者只包住头发，可以露出脖子。与我平时洗完头用毛巾把湿头发包起来差不多，而阿拉伯女性的头巾要把头发、脖子甚至脸都遮盖起来。

不知为何，头发总被认为是诱惑，所以已婚犹太妇女都得遮盖她们的头发，用头巾或假发。现在许多极端正统派拉比认为，用假发盖住头发比用头巾更容易。人们为什么要用假发来盖住真发呢？这真是很奇怪的事。但不管怎么样，以色列妇女和阿拉伯妇女在头发权利上得到了统一。

我觉得犹太人的头巾包法很美，既可以露出天鹅颈，还能当成某种装饰——当然我是个宗教白痴，只流于表面关心美不美——因此一路上我都在观察她们头上那块布，有时忍不住还会拿起手机拍摄。

在哭墙前，我就被一个包着头巾的犹太女人迷住了。

哭墙是耶路撒冷最热门景点之一，它原是位于圣殿山上犹太圣殿的遗留外墙，由厚厚的石灰石构成，长约50米，高约20米。

犹太教把哭墙看作第一圣地,流落在世界各地的犹太人回到圣城耶路撒冷时,都会来到哭墙前哀哭或低声祷告,表达流亡之苦,所以被称为"哭墙"。有人还会在纸上写下心愿,塞进墙上裂缝里。根据犹太传统,在这里许下的心愿会直达天庭。

我第一次走到哭墙时是周五黄昏,正赶上安息日(周五黄昏后至周六黄昏前一切停摆),不能参观,只能站在远处,看一抹夕阳照在哭墙上,而在土黄色石头上方,圆顶清真寺的金色顶闪闪发光。那一刻,说真的,还真有点想哭。

我在老城里来来回回转了三次,才真正摸到哭墙的墙面。

哭墙分男女两片区域，男左女右。男区比女区大很多，两区隔开。犹太教规定，到访者无论是否为犹太人，在哭墙前祷告时都需戴圆顶小帽（Kippah），以示对上帝的敬意。男区有圆顶小帽提供，祷告完再放回原处即可。而女区就啥也没有了。

去哭墙前，我想象自己应该像特朗普女儿伊万卡那样，头戴小帽，手摸哭墙，来一张美照。但到了那儿，才知道这是不可能的事，因为人很多，我很难挤到第一排，只能远远伸出手勉强摸一下墙面，更别提拍照了。

而且，在这样一个宗教圣地，我突然感觉，拍照是一件非常不合时宜的事，尤其当我环顾四周，看到众人都低着头在祷告时，一种身为游客的浮躁让我感到羞愧。

其中有一个年轻女子格外引人注目。她身着盛装，包着同款头巾，手里拿着经文在默默祷告。整个人站得笔直，一动不动，给人非常静的感觉，仿佛世上一切纷乱都与她无关。

那一刻，不知怎么，我也突然静了下来。我甚至有点后悔，不该穿得那么休闲。

所以，哭墙并不是一个仅供游客参观的地方，它更是人们祷告的宗教场所。

去巴勒斯坦

因为爆发冲突，我和同伴们租了辆车把约旦河西岸转了个遍。

约旦河西岸实际归以色列控制，由巴勒斯坦民族权力机构（法塔赫）进行日常管理。法塔赫和控制加沙的哈马斯也有矛盾，路线之争。

巴勒斯坦国名义首都是东耶路撒冷，但目前东耶路撒冷被以色列占领，事实上的首都是西岸的拉马拉，也叫行政中心。

西岸远远望去基本上就是山、石和沙土。用我同伴的话说，总说这里离上帝最近，是上帝应许给犹太民族的土地（promised land），不知为何上帝许给他们一块如此贫瘠的土地，而不是像中国江南那样的鱼米之乡。

而我另一个做过牧师的朋友认为，所谓"应许之地"，或许只是犹太教的说辞，为争夺土地找说法和理由。

不管怎么样，首先要说的是，去巴勒斯坦不要签证，可以从以色列自由进出，但要经过以色列军人把守的检查站。

其次，在巴以地区开车，不是很容易。

现代以色列和巴勒斯坦的领土大致可以分为四个不同的地理区域：西部的地中海沿岸平原、中部的山脉、东部的约旦河谷和南部的内盖夫沙漠。

也因此，在巴以地区旅行，很多时候都是山地，地势高低起伏，经常是从一座山转到另一座山。一些老城区的坡度非常之高，而且常常是狭窄一条道，遇到对面来车，或开进死胡同，还得倒着上坡，难度不小。

在巴以地区开车，不会麻利倒车是不行的。这一点，国人倒没啥问题，但长期在北美生活的人就有点够呛。美加车位特别宽敞，都是直接开进去，哪有练过倒车呀。我们一行四人，四种护照，一开始他们三个人轮流开车，不好意思让我这个女人开，后来见停车位实在小，也开累了，就不争了。

而在巴勒斯坦开车比以色列更难的地方在于，巴勒斯坦很难导航。我们用的是谷歌地图。在伯利恒还一切顺利。

伯利恒作为耶稣的出生地而闻名于世，它位于耶路撒冷以南约 10 公里处的小山丘上，是巴勒斯坦旅游业的中心，每年有数百万人到伯利恒朝圣和旅游。

伯利恒整个城市都被隔离墙围蔽。以色列控制着伯利恒的进出口，一过以检查站，就能看到画满彩绘的隔离墙，隔离墙蜿蜒曲折，一眼望不到头。充满呐喊与艺术感的隔离墙和耶稣教堂一样，成为伯利恒的旅游"看点"。

相比其他城市，伯利恒就是一个网红打卡地，一般团队游到伯利恒就算去过巴勒斯坦了。可能正因为此，在伯利恒的导航并无太大问题。

但进入巴行政中心拉马拉时，我们在市中心转了好几圈，就是找不到预订的酒店，谷歌地图不是让我们走单行道就是走死路。眼看夜深，不得不求助于当地人，由当地人开着奔驰车带路，才总算找到落脚点。

说来也奇怪，Booking.com 网站上订的这个酒店没有地址，只说位于什么区。而巴勒斯坦人无须地址，看一眼建筑图片就知道在哪了。很是神奇。

第二天一早醒来，走到阳台上，看到酒店对面是一栋很漂亮的房子，目光所及之处都很整洁，绿化也好，与我们前一晚在市中心转悠时看到的有很大区别，想必我们住的酒店位于富人区。

令我意外和欣喜的是，巴勒斯坦不止有新闻里常见的示威抗议扔石头烧轮胎，还有奔驰车、星巴克、意大利餐馆和漂亮的房子，还有高大上的购物中心和博物馆，甚至还有科创园区孵化器等。总之，新闻里呈现的巴勒斯坦，与我们实际看到的有很大不同。当然，前面已经说过，冲突主要集中在加沙，西岸相对温和、平静。

拉马拉最不能错过的就是巴勒斯坦前领导人阿拉法特的

陵墓和博物馆。它们在同一个地方，就建在阿拉法特最后被以色列围攻 34 个月的废墟上。

因为正值清明时节，我的同伴坚持去时要买一束花。买花的过程费了点时间。拉马拉市中心有点像中国的县城，大街上熙攘热闹，人车混杂，汽车随便停靠，也没个正经停车场。我们努力靠街边找了个地方停车，然后在巴勒斯坦女孩纳里曼（Nariman）的带领下，才找到鲜花店。

阿拉法特墓地没什么人参观，纳里曼和门卫打个招呼我们就进去了。墓不大，但正对大门，距离门卫处有近百米，一路走过去倒也庄严。墓西侧矗立着三面巴勒斯坦国旗。墓所在的大厅由玻璃及耶路撒冷石构成，里面除了一个半躺着的墓碑，和墓碑后两名站岗的总统卫队士兵外，空空荡荡，什么都没有。

墓碑上的阿拉伯文写着"这里长眠着已故总统亚西尔·阿拉法特烈士的遗骸"，下面是他的生卒年月即1929.8.24—2004.11.11，还有墓志铭，大意是"（愿真主）回赐他纯洁的灵魂"。

我们把花束放在墓碑前，离开。整个墓碑厅也只有这一束鲜花，十分冷寂。

Tips:

如果不开车，去阿拉法特墓也可以在耶路撒冷老城大马士革门北边的阿拉伯公交总站坐219路公车到拉姆安拉，车程约一小时（随身务必带好护照及入境纸）。阿拉法特墓就在拉姆安拉公交总站附近。

阿拉法特墓后面就是阿拉法特博物馆。这个博物馆无论是外部设计还是内部陈设都很大气。工作人员身着黑色西装白色衬衣，大都年轻帅气有礼，而且讲一口流利英语。

博物馆展示了阿拉法特的个人功绩、办公室物品和文件等，其中包括他在1968年登上《时代》杂志封面，1970年、1971年两次与周恩来会面，1994年获诺贝尔和平奖等。但最震撼的是博物馆里保留了他最后被围攻时的办公室和寝室，他睡一张单人床，窗户全被沙袋遮住，没有自然光，室内断水断电。

阿拉法特是世界上最富传奇色彩的领导人之一。从20世纪60年代末开始，他几度历险并多次成为以色列军队和安全机构暗杀的目标，最后都化险为夷，转危为安。但这次围攻长达近三年，以军坦克和武装直升机从2002年起围困阿拉法特的办公地，最后阿拉法特因中毒被紧急送往法国巴黎一家医院救治，两周后于2004年11月11日在巴黎病逝，享年75岁。

阿拉法特的陵墓长、宽各11米，正是寓意他的死亡日期。

我们后来还看了巴勒斯坦著名诗人马哈茂德·达尔维什（Mahmoud Darwish）博物馆。巴以地区尽管冲突不断，但巴勒斯坦人做博物馆很有一套，与拉马拉给人的城市印象形成反差。

事实上，巴勒斯坦的精英阶层观念先进，还挺世俗化。陪我们参观的纳里曼是巴勒斯坦一所大学的教授，她是在美国读的博士，三十出头，未婚。跟她聊天，除了她的头巾提醒我她是个阿拉伯女孩外，我常常会忘了身处巴勒斯坦。有时说到男人，她调侃的语气跟大多数现代女性没有区别。比如她说她对戴头巾一直觉得很自然，而且她觉得，阿拉伯男人自制力差，阿拉伯妇女包严实点没坏处。这种对服饰的解释，与伊斯兰宗教激进派指责三点式比基尼就是对男人的引诱挑逗，被非礼了活该等倒挺一致。

纳里曼带我们去了当地的科创园区，那是一片高楼林

立、餐馆众多的时尚新区,我们在那吃了饭,然后去参观了一家科技公司。该公司年轻的创始人似乎跟她很熟,对她很尊崇的样子。两人经常面对面轻声对话。阿拉伯世界男女可以如此轻松相处,倒也有点出乎我意料。

我后来听同伴说,纳里曼所在的大学计算机系里有很多女生,比例远大于美国。这倒是令人惊讶,原来巴勒斯坦女性受高等教育这么普及。不过巴勒斯坦几乎没什么工业基础,也许也只有IT还是一个出路吧。

遭遇以军严查

在巴勒斯坦无法导航的原因,我的同伴分析说,很可能是以色列故意为之。

因为后来我们发现,输入任何目的地,谷歌地图只会显示以色列境内的线路。但也可能只是巴勒斯坦地图信息不全。总之，这让我们有些失望。我们想更多了解巴勒斯坦，因此我们决定放弃谷歌线路，按地图在巴境内穿越。

我们很快为此尝到了"苦头"。因为我们去了杰宁。

杰宁据说曾出了很多自杀式爆炸袭击者。2002年4月，以军曾对这里发动攻击，冲突中，至少52名巴勒斯坦人、23名以色列士兵死亡。

所以，杰宁虽不如加沙那么激烈，但对以色列来说，杰宁是个敏感词。在通往杰宁的路上，距离杰宁还很远的一个十字路口，我看到有以色列士兵把守，路口还有个牌子，上面写着——"以色列居民禁止入内"。

我们不是以色列居民，不怕成为袭击目标，就照直开了进去。一来是因为好奇，二来我们想抄近路去加利利湖。以色列士兵也没阻拦。

当我们穿过热闹的杰宁镇——什么危险的景象都没看到——来到杰宁关卡时，发现关卡已经被封。当时是晚上7点半，天色已黑。

我们后来才知道，这个关卡只开放到晚上7点。没办法，我们只能原路返回，

被关闭的杰宁关卡

再次穿过杰宁，前往另外一个叫作 Farun 的关卡通关。杰宁人告诉我们，Farun 关卡 24 小时开放。

那是我们第一次体会到在巴以旅行的与众不同。我们之前从以色列去巴勒斯坦时也经过检查站，但通关说实话并不在我们的担忧范围内，巴以两边对中国脸都十分友好，负责检查的以色列士兵还会跟我们友好地聊几句。

但原来通关还有时间限制！这是我们没有想到的。我们在那一刻，忽然感觉有些苍茫起来。这样的事，以我们的人生经验，根本连问都想不到问，更不用说提前做攻略了。

从杰宁开到 Farun 关卡需要大约两小时。我们顾不上吃饭，就在杰宁镇上加了个油，我还上了个厕所。女厕不知为何是锁着的，店主给了我钥匙，让我自己去开门。那是我们穿过杰宁镇时唯一一次下车。

两小时以后，我们抵达 Farun 关卡，一个以色列女兵把我们拦了下来。

以往通关时，我们出示一下护照就被放行了。我们以为这次也一样。所以被问从哪里过来时，持加拿大护照的同伴想也没想，立刻带点抱怨地说，我们去了杰宁，那里的关卡封了，所以只好来这里通关等等。他还问，为什么要关呀？那里到底开到几点云云。

女兵的神色并没有变化，但接着问道："你们车上有枪吗？有没有离开过你们的汽车？有没有人给过你们东西？你们买了什么没有？"

我们回答没有，没有，没有。我正暗自思忖我上厕所算不算离开车，女兵已要求我们把车开到一边。持美国护照的同伴不解，脱口而出"For what？"，女兵面无表情地说"For checking"。

我们面面相觑，这才意识到问题的严重性，乖乖把车开到一边，按要求拿下所有行李箱，然后拖着行李到指定地方过安检。

安检屋不大，如同机场一样，但比机场严格得多。

首先，房间里始终站着一个持枪士兵。

其次，美国同伴笔记本电脑被打开，放在一个四方形盒子里，接受特别检查。

第三，所有人手机都放桌上。我手机忘汽车里了，被要求拿钱包代替，接受炸弹检测。

第四，加拿大同伴被叫进小房间单独问话。问题诸如有什么宗教信仰，去过哪些地方，还要去哪里，跟什么人接触过，等等。

整个过程倒没有什么不客气。当我看向站在房间角落的持枪士兵时，他还对我报以微笑，但气氛仍然是紧张的。与此同时，我们的汽车里里外外包括底盘也被彻底检查了一遍。

我并没觉得被冒犯，我理解这就是正常的安检流程。从某一点来说，在以色列旅行感觉特别安全，有以色列国防军的功劳。但我注意到，接受检查的几乎全是阿拉伯人，我们是唯一的例外。在我们的行李箱过安检时，一个巴勒斯坦母亲带着两个孩子也在过安检。他们随身带的食物——易拉罐饮料被成箱放上了安检传送带。

真的有易拉罐炸弹吗？还是我们这些局外人太天真？说真的，对于游客来说，即使被查，仍然可以当成是新鲜体验，是丰富经历，有时我们甚至为了故事，恨不能在脑门上绑一白布，写上"check me"。但对巴勒斯坦人来说，隔离墙、检查站……这一切就是日常。这不免让人唏嘘。

我们习惯的线路导航、旅行自由，对巴勒斯坦人来说都是奢侈。我忽然想起跟纳里曼聊到巴以和平这个话题时，她告诉我她从来没有去过以色列，她也不想去。也许，她是受不了这个屈辱吧。

虽然没有看到炮火，但那一刻，在我离开 Farun 关卡时，我真切体会到了炮火背后的悲哀和无奈，以及国力的强势与弱势。

不管是以色列的安全家园之梦，还是巴勒斯坦的建国之梦，在这里，你了解越多，越觉得巴以困局无解。

加沙边境

我们后来又开车去加沙"边境"看了看。

这是临时加出来的项目。我向规划行程的团队队长提议去加沙边境看看时,他有些烦躁,觉得我打乱了他的行程安排。但其实他自己以及同伴们都对加沙充满了好奇,所以最后还是调整行程,四个人高高兴兴地出发了。

加沙位于以色列西南角,南面与埃及的西奈半岛交界,西面朝地中海但由以军把守,东北面则有以色列隔离墙。

正值新一轮冲突爆发之际,一路上的确有点担心会不会正好被加沙飞出的火箭弹击中,同时又可惜,这么好的地中海风景,为什么要跟冲突共存。

等我们靠近进出加沙的埃雷兹检查站时,路边开始出现"军事重地"的牌子,军车、瞭望台、隔离墙……映入眼帘。与伯利恒的隔离墙画满了彩绘不同,这里的隔离墙严肃得多,只有铁丝网。

以色列士兵远远做了个手势，让我们掉头回去。我们不敢违抗，在那里兜了个圈子，感受了一下氛围就离开了。

加沙不对普通游客开放，只有记者或国际组织成员才可申请进入，而且必须理由充分。一旦获得以色列或埃及的旅行许可证，便可从埃雷兹检查站或埃及拉法口岸进入。

由于以色列和埃及都封锁了加沙边境，以色列还实行了海空封锁，加沙地带的居民不能自由进出，也不能自由进出口货物。虽紧邻地中海，但加沙人被规定只能在一定距离的海岸捕鱼，耕种也有限制。当地约200万人口的生活主要靠国际援助，年轻人七成失业，无事可干。而加沙近七成人口都在25岁以下。

看病也没有自由。据BBC报道，加沙病人只能在西岸或东耶路撒冷医院接受治疗，必须先获得巴勒斯坦权力机构批准，然后获得以色列政府批准，才能拿到出境通行证。

加沙断电缺水更是家常便饭，有时每个家庭每四天只能得到6个小时的水，更别提上学读书了。

为了绕过封锁，哈马斯经常挖地道，以便把各种货物和武器运进去，这些地道也是以色列空袭的目标。

总而言之，虽然西岸巴勒斯坦人过检查站连易拉罐都要被检查，但比起加沙人的生活，又是一个在天上，一个在地下。

美领馆遭盘问

除了加沙边境,我还要求增加一个地方,就是美国驻耶路撒冷总领馆,也就是现在的美国大使馆所在地。这个提议获得一致通过。

我记得我当时是这么说的:"下个月这个总领馆就要变大使馆了,你们难道不想去看看吗?"

现在回头想想,我这个旅伴也是烦。大家结伴旅行就我事最多,既要占用大家的时间做连线报道,又要临时增加"景点",有点对不住大家。好在同伴们兴趣比较一致,所以后来我们又相约去四川大凉山走了一趟,这是另外一个故事了。

我没想到,我们在美领馆差点被请进去喝咖啡。

这个总领馆早在1948年第一次中东战争和以色列建国之前就已经存在。它位于分割东、西耶路撒冷的"绿线"西侧,不属于被巴勒斯坦方面作为首都的东耶路撒冷,但多年来它实质上发挥了"美国驻巴勒斯坦大使馆"的作用,为耶路撒冷、约旦河西岸和加沙地区的

美国公民和巴勒斯坦人提供领事服务。它独立于美国驻以色列大使馆，直接归美国务院管辖，地位特殊。

但时任美国总统特朗普宣布，将美国大使馆从特拉维夫迁到耶路撒冷，而且为了"加速"和"省钱"，不另选址建新馆，而是在原来的美领馆基础上稍加改造（据说升级改造只花了不到50万美元）。这不仅意味着美国承认耶路撒冷为以色列首都（这与美国数十年来的外交政策相违），也其实削弱了巴方的领事权。此举因而惊动了国际社会，也搅动了整个中东，引发巴以新一轮冲突。

2021年秋天，美国又有意重建驻耶路撒冷总领馆，但以色列不干，说耶路撒冷"没地方"，要么建到拉马拉去。巴方则坚持要建在耶路撒冷。领馆问题硝烟再起，成为拜登政府处理美以关系的一个考验。不得不说，中东混乱，美国脱不了干系。

扯远了，还是回到2018年。美国大使馆是2018年5月14日迁址的（这一天也是以色列建国70周年的纪念日），我们去时是四月初，当时这个总领馆还毫无要升级的样子。

总领馆位于耶路撒冷南部阿尔诺纳区，距离耶路撒冷老城大约3公里。步行很方便，一条道走到底。

我们穿过一片居民区，以为到了路尽头，正疑惑时，眼前突然开朗，看到一片山景。美国总领馆就坐落于山脚下。

美国驻耶路撒冷总领馆(2018年)

房子方方正正,并无特别。如果不是那面飘着的星条旗,你可能不会把它和美国联系到一起。

与其他美国使领馆位于闹市中心不同,这里似乎格外自然空旷,还能看到很多野草。使馆的围墙也不高,站在围墙边,可以俯瞰整个使馆区。

但你休想靠近。它只有一面通向马路。从围墙到使馆主体建筑,目测至少有100多米的距离。围墙上面加装了高耸的金属栏杆,栏杆上面则有摄像头,围墙里面还有铁丝网……一切该有的安保措施,这里一样都不少,或许更严。用我同伴的话说,就一个字形容:unreachable。

事实上,我们一靠近围墙,就已经进入了监视范围。

我抓着栏杆往里看时,一低头看到一个持枪保安隔着十几米的距离正抬头看着我。我吓了一跳,连忙报以微笑,他也回以微笑,什么都没说。

而那边,我的同伴们已经遭遇到了"麻烦"。

围墙里面忽然出现三名保安,仰着头,问隔着栏杆指指点点的同伴们:"你们是哪儿的?"

持美国护照的同伴答:"美国。"

"请你们停一下,别走开。想看看你们的证件,因为监控看到你们有逗留。"保安说。

彼时我们已经经历过被以军严查,多少有了点经验,加上我的同伴们都超有乐观主义精神,一听说要被盘问,立刻像打了兴奋剂,对我说"故事来了"。我倒有点紧张,下意识地站在了同伴身后。我们很默契地一致同意,让美国人应对美领馆。

三个保安倒也不急,笃悠悠地从旁边一条羊肠小道列队走了上来,似乎料定我们会等。我这才注意到那里有个金属门框,小而旧。你不能称它为美领馆的门,这也太老破小了,但我环顾左右,那似乎是唯一一个进出口。大门在哪儿呢?

保安上来后重复问了一遍:"你们来自哪里?"

美国同伴代表大家回答了一切问题,还拿出护照给保安看了一下。保安倒没有要求看其他人的护照,看完说声谢谢,就走了。

我们几个没有马上走,又研究了一下马路对面的房子。

这里显然是富人区,房子很漂亮,社区也很宁静。就在美领馆对面拐角,是以色列作家、诺贝尔文学奖得主施穆埃尔·约瑟夫·阿格农(Samuel Josef Agnon)的故居。正准备离开,保安又对着我们喊话了,让我们再等一下。我们只好再次耐心等待三个保安笃悠悠列队走上来。

领头的保安说:"监控看到你们有拍照。你们拍了吗?"

美国同伴没有拍,所以他非常理直气壮地说:"没有没有。"我忍不住嘀咕了一句:"这里也没有禁止拍照的标识啊。"保安听到了,立刻回答:"我们明天就会放上标识。"

他还重新看了美国同伴的护照,并拍了照。同伴见保安来来回回走了两次,猜他们的头儿对第一次盘查不满意,就开玩笑说:"你们也不喜欢这工作吧?"

保安笑笑,没有回答。

我趁机问,新使馆是不是5月14日开始启用?保安耸耸肩,一脸事不关己地说"Who knows"。也不知他是不能说还是真不知道。

整个过程气氛不算紧张,当中穿插了一些轻松玩笑。最后,保安再次致歉,说给你们添麻烦了,然后才离开。基本礼仪还是不错。

从长相来看,我们猜保安是阿拉伯人。以色列大多数是犹太人,但有20%是阿拉伯人。他们开餐馆,在耶路撒冷老城内售卖小商品以及蔬菜水果等。

美国使领馆大都设在市中心绝佳地段,像这样"自然空旷"的,

阿拉伯人开的店

可能也就耶路撒冷有,想必跟耶路撒冷的地位问题有关。

在去的路上,同伴们还打趣我说,你干脆在美领馆门前录一段视频,介绍一下那个地方,以及不久将要发生的变化,也是很珍贵的资料,说不定哪天有用。

过后想想,我们都有些天真。那是耶路撒冷啊!

阿拉伯人印象

最后,我想说说阿拉伯人。

在中东旅行,最大的感受是中国脸很好用,犹太人和阿拉伯人,两边都很友好,所以我同伴大胆假设,说巴以宿怨说不定最后真得靠中国来调停才行。

而对我来说,从约旦到巴以地区,最大的收获是对正统犹太人和阿拉伯人有了一些直观的感受和认识。在这之前,他们于我一直是谜一样的神秘人群。我慢慢可以从阿拉伯人的外表打扮来区分他们的国别,这是看多少新闻视频都得不到的经验。

阿拉伯人通常被视为沙漠人,但其实,不是所有的阿拉伯人都骑骆驼。只有在海湾地区,才可以在沙漠中看到许多游牧群体,他们大都穿着传统的长袍。黎凡特地区(如巴勒斯坦、叙利亚、黎巴嫩、约旦)和北非国家(阿尔及利亚、摩洛哥、突尼斯)的人们则穿着随意,

和其他西方国家一样。当然，在这些地区看到穿着长袍的贝都因人（游牧民族）也不稀奇。

网上有一些误导信息，说约旦是阿拉伯国家，单身女人不能进入约旦，必须有男伴同行。

这不是真的。

单身女人完全可以独自入境约旦。连沙特都允许25岁以上单身女性独自前往了，更何况约旦呢。

不过，我入境约旦后，因为担心一个人出行不太方便，还是决定在机场坐等搭乘另一个航班抵达的同伴们。然后我发现，机场广播每隔一段时间就会响起"唤礼祷告声"，第一次着实把我吓了一跳，这是我初抵约旦这个阿拉伯国家的第一个惊奇。

安曼机场外地上全是沙

安曼机场大楼被一圈人工水池包围，体现了在这个极度缺水的国家，水池就是一种奢华。而走出安曼机场，迎面而来的是沙，和谜一样的阿拉伯人。这是第二个惊奇。

沙就不提了，阿拉伯半岛除了沙还是沙。但阿拉伯人非常有意思，首先，他们真的不把自己当外人。

我们叫辆出租车，谈好价钱，刚坐好，又坐进来一个阿拉伯人，说是司机朋友，搭个车。他是什么人我一直没搞清楚，反正他一路都跟着，还蹭了早饭。

我们因为抵达得早，就说先去吃早饭。司机把我们带去了一个比较豪华的餐馆。这可能有点像三四十年前的中国，如果老外说要去吃点东西，国人肯定给他们指个好地方，而不是大饼油条摊。不能丢中国的脸啊，游客又不缺钱。

安曼的早餐

安曼贵为首都，看上去也就是县城级别。我们住在市中心，离王宫不远，但周边景象还是让我小小吃了一惊。也不奇怪，约旦缺油缺水，自然资源可谓不佳（不过以色列也缺少自然资源，照样

安曼的商店

富裕，这是什么原因呢）。

早餐馆很不错，东西也好吃。但让我们感到意外和好玩的是，我们坐下后，司机和那朋友也顺理成章地坐了下来，跟我们同吃同喝。

后来我们换了司机还是如此。吃午饭喝咖啡时，司机会很自然地跟侍应说他要什么，就好像他是我们中的一员，也从来不会为买单假客气。

慢慢我们也就习惯了。对阿拉伯人来说，共享，大概是最自然不过的行为。

有一次在佩特拉古城，艳阳高照，一个阿拉伯妇女一定要我喝一杯她的茶。我一开始推辞，但架不住她的热情，就喝了一口，你别说，那红茶很好喝。

巴勒斯坦披塔店店主

中年店主

还有一次，我在巴勒斯坦路过一个披塔店（pita，阿拉伯主食），停下来拍了张照，年轻店主就送了我两个新鲜出炉的饼，后来发现我们有四个人，又加送了一袋。我们受之有愧却之不恭，赶紧回送他一袋橘子。

更有一次，我们在以色列海法吃晚餐，去了一家阿拉伯店，老板说他知道毛泽东，硬要送我们一盘菜，还要给我们免费咖啡喝，最后结账还给打了八折。

任何时候，你把镜头对着孩子们，他们都会立刻展露笑容，从来不怵。

有一次我在安曼以北40公里的罗马古城杰拉什（Jerash）遇到一个叙利亚男孩，十三四岁的样子，老远就跟我打招呼，还热情洋溢地跑过来，要求和我合影。他浓密而弯曲的睫毛很是漂亮。我问他来约旦干吗，他不以为意，说他是难民。

可能我这中国脸还不是太多见，在约旦，我经常被一帮孩子要求合影，我感觉魂魄都要被摄走了。

在古城杰拉什遇到的叙利亚难民

阿拉伯男孩们

约旦佩特拉古城

但阿拉伯人也是天生生意人。

在佩特拉古城入口处,同伴想买个阿拉伯头巾,就像阿拉法特戴的那种,跟头巾店说好 20 第纳尔,等他拿了钱再去,店主说 20 第纳尔不含头箍,加头箍要 30。同伴说那不要了,店主又说那就 20 吧。

这一点,犹太人倒也异曲同工。

我们在耶路撒冷老城遇见两个卖瓶装水的犹太小男孩,叫人忍俊不禁。他俩才四五岁,站在门前石阶上,瓶装水就放在地上,旁边有个纸牌子写着"一美元一瓶"。我们问,小瓶大瓶都是一美元吗?男孩立刻说:"大瓶两美元一瓶。"犹太人的经商意识果然都是从小培养的。

去阿拉伯国家最好随身带一方大大的头巾,以备参观清真寺包头用,这是经验教训,也是入乡随俗。

尽管阿拉伯人性格爽朗、豁达,但你不能拿他们的宗教开玩笑，否则你会变成他眼中丑恶的"异教徒"。而说到领土问题，巴勒斯坦人也毫不含糊。有一次我问了一个愚蠢的问题："加利利湖在以色列还是巴勒斯坦？"巴小伙毫不迟疑地回答："巴勒斯坦。所有领土都是巴勒斯坦的。"

但事实是，巴勒斯坦领土上的犹太人定居点越来越多，一些犹太人，从社会精英到平民百姓都有，认定约旦河西岸是他们的"上帝应许之地"。如果把这些定居点都重新划界给以色列，那巴勒斯坦也就没什么土地了。所以在巴勒斯坦，我们也遇到有人向我们求救。

值得一提的是，在中东旅行，很少有机会与女人打交道。餐馆店主、服务员、酒店前台、出租司机、博物馆工作人员……几乎清一色是男人。以色列要好一点，但看到的也多半是女兵。

我只有在耶路撒冷那个酒店，遇到一个女前台，那是一个年轻女孩，想必还没结婚。纳里曼是我们此行唯一打交道比较多的阿拉伯女生，然而她接受的是西方教育，比起其他阿拉伯人，她显然更理性，对现状也忧虑得多，比如她认为，其他阿拉伯国家没有力挺巴勒斯坦，对巴伸出援手，至少援助得不够。

阿拉伯世界有一个非常明显的现象，那就是阿拉伯精英接受西方教育，会说流利的英语，也许法语也很流利，跟国际非常接轨。尽管宗教信仰不同，但他们可以跟世界顶级科学家、艺术家、经济学家等直接对话。

但与此同时，大街上汽车驶过，年轻人会坐在汽车窗户上，探出大半个身子，在车内超大声的 DJ 音乐声中，嘻嘻哈哈招摇过市。贫富悬殊、受教育程度悬殊在阿拉伯似乎格外明显。

长期以来，阿拉伯国家一直处于动荡之中。除了巴以冲突，叙利亚、黎巴嫩、伊拉克、也门和索马里的内战也已持续几十年。但其他阿拉伯国家，如沙特阿拉伯、阿联酋、科威特和卡塔尔，却已享受到跻身全球十大石油或天然气出口国之列的好处，中东富豪的奢华有目共睹。

在中东地区旅行，经常会冒出一个疑问，以色列凭什么在军事、经济上碾压阿拉伯国家？以色列的国土面积很小，而且一半是沙漠戈壁，耕地少得可怜，水资源也极其缺乏，但少有国家的农业像以色列这么出色。都说贫瘠的土地难以孕育高度发达的文明，以色列何以能进入发达国家行列，而阿拉伯国家即使富得流油也没啥制造业？想来想去，可能还是跟危机感有关。

以色列有强烈的危机感。俗话说，人无远虑必有近忧。国家跟人一样，纯靠天吃饭是不行的。人的命运通常受三大因素影响：大环境、基因和后天努力。前两项不可控，后天努力却是非常大的变量。责备别人也许容易得多,但责备别人并不能解决问题。

　　当然,要谈论一个民族的性格是一件吃力不讨好的事,非得博览群书教授级别才行。我才疏学浅,只能谈一些直观感受。这些感受很大程度上取决于我接触的人群范围,也取决于我对阿拉伯世界的了解程度。也许了解越多,越不敢开口说话。

　　就像我一个英国朋友到中国三个星期,便认为自己已经很了解中国了。但待的时间越久,越觉得一切都不是表面呈现的那样,自己恐怕连皮毛都没摸着。

　　对阿拉伯恐怕也是如此。

偶遇大明星

在中东旅行时,经常能依稀看到一些英国元素。

比如持中国护照入境约旦可以落地签,落地签费用是 40 第纳尔,约合人民币 360 元。约旦不是一个富裕国家,货币第纳尔却同英镑汇率差不多,可见英国在中东曾影响深远。当时很多地方都是英国的势力范围。

以色列有些地方的道路设计也是英国式的,英国曾经管辖过这个地区嘛。

位于耶路撒冷市中心的大卫王饭店是以色列最著名的饭店,也是游客最喜欢下榻的地方。在英国托管时期,这里曾经是英军总部办公室,但 1946 年犹太人发动的一场袭击(导致 90 多人死亡)直接把英国人吓跑,并导致了以色列建国。爆炸策划者正是后来的以色列总理梅纳赫姆·贝京。大卫王饭店也因此成为历史一部分。

不过,英国人也造就了中东的混乱,这个从老

《阿拉伯的劳伦斯》

电影《阿拉伯的劳伦斯》(1962年)里可见一斑,所以最后也只能一跑了之。

《阿拉伯的劳伦斯》是一部非常神奇的电影,它有绝美的沙漠风光,有两次世界大战的历史背景,有英国人的殖民统治,阿拉伯人的桀骜不驯,各国政客的老谋深算……从将军到士兵,从王室到平民,不仅气势恢宏,而且具有人文深度。

美国著名导演史蒂文·斯皮尔伯格曾表示,每当他拍片遇到瓶颈时,《阿拉伯的劳伦斯》是能让他回归初衷而必看的四部电影之一,另外三部为黑泽明的《七武士》、法兰克·卡普拉的《风云人物》以及约翰·福特的《搜索者》。可见《阿拉伯的劳伦斯》在影史上的地位。

我在中东旅行时,不知怎么就想起了这部电影,以及我在英国留学时的一段尘封往事。

现在中国人去国外留学可能很少会打工了,有些富二代还会买豪车豪宅,一掷千金,但21世纪初时还不是这样。那时我在一家顶级桥牌俱乐部打工,时薪5.5英镑。这个薪资不高,但好处是工作时间好,一般到晚上8点多就结束了。我不想打工到很晚,虽然小费高,但深夜回学校既不安全,晚上的时间也没法利用。

这个桥牌俱乐部就在海德公园旁。秋天的时候,黄叶满地,呵气成雾。这是我喜欢它的另一个原因。俱乐部实行会员制,会员都是有钱人,但大多上了年纪。我记得有一位90岁的会员,曾参加过世锦赛,急性子,打牌老是嫌别人出牌慢,弄得他对家很不开心。我每次听到老头在那里诅咒催促,就觉得可乐。想想看,一个90岁的老人嫌比他年轻得多的人动作慢,这得多牛啊。

还有一个瘦老头是房地产老板,泰晤士河沿岸就有他的楼盘。英国的老式住宅常常是红色丝绒窗帘加宫廷式座椅,看着就闷。但他家的楼盘是那种400平方米全打通设计,至少6米层高,三面玻璃窗,加上现代化软装,看着就像明星豪宅,一套至少200万英镑。当时惊为天价,现在国内房价高企,也就不觉得了。记得当时我弱弱地问他,这都没窗帘怎么睡觉?他哈哈笑,说隔着泰晤士河,对岸的人想看就看吧。

俱乐部女会员少,常来的人里有一位叫珍妮特,据说是当时英国第二有钱的女人。有钱是因为她娘家就很有钱,老公去世后又留给她大笔遗产。她长得很漂亮,每次来,她男友也会紧随而到。男友30岁,我因而一直以为她35岁,后来才知道她其实已经快60岁。男会员们看见我惊讶的表情就取笑我说:"你现在知道有钱的好处了吧。"

她打牌的时候,她男友就在旁边看着,有时也会跟我们聊天。但我一点都不喜欢他,因为有一次我们坐在楼梯角,他站在对面,做了一个夸张的侧弯腰偷窥的动作,很是无聊。当时我们穿的是白衣黑裙,我因而认定他是一个浅薄的人。

年轻会员也有,不多。有一个高瘦的年轻人好像特别聪明,打牌老赢,后来才知道他毕业于剑桥大学数学专业。不过他面色冷峻,很少跟人交流,也从来不点餐。

还有一个微胖男,大约35岁,不算很年轻,有一次他过来要杯茶,聊了几句突然就哭了起来,我吓了一跳,连忙腾出个角落让他舒缓情绪。过后我得知,他父母留给他大笔遗产,但都被他败光了,女友也离他而去。

俱乐部里人人都有故事,真要说起来,可以一千零一夜。时间一长,我就把每个人的喜好摸清楚了,比如珍妮特,每次来都是要一个苹果一杯水。苹果要去籽切薄片,水不能带汽。

英国的有钱人很低调,外表完全看不出来,就像英国人的情感,非到万不得已,不会表露。他们很少大吃大喝,也不会大声说话,看见有人饭桌上从威士忌喝到葡萄酒,就会鄙夷地说:"新钱,还要买家具呢。"他们也会在圣诞季买打折衬衫,或一条裙子穿十年。他们的钱干吗呢?很多人会投资艺术品。

我的工作类似侍应生,客人要喝茶吃苹果,我就泡好切好送过去,客人点餐,就让厨房做好后送过去。英国人爱喝茶，却少有客人点大餐，顶多是小食，因为会员们大都是午后来，玩到晚上七八点钟就都散了，英国人约晚饭通常约在八点半。

所以比起在普通餐馆打工，我的工作不算忙碌，而且客人相对固定。有钱人不一定是好人，但至少都懂得礼仪，不会乱来。我对这份工作不是不满意的。有时会员们也会拿我取乐，比如他们问我："你怎么来的英国？"我随口答："飞过来的。"他们就哈哈笑，像听到最可乐的笑话一样，认为我很幽默。

还有一次，一个男会员说到opposite这个词，就问我知不知道是什么意思。我点点头说："知道。就是你和我。"他愣了几秒，然后爆发出大笑，惹得一屋子人都知道了这个段子。

男女、贫富、老少……可不就是相反嘛，不然还怎么解释。

现在想想，这帮富有会员的生活也挺无聊，全靠这一点社交生活来支撑。在年轻女孩眼里，财富并没有那么大的吸引力，因为她们相信自己未来可期。要等她们自己到了中年，经历过生活碾压，才会把名下有几套房当回事，才明白这一点点财富其实堪称毕生成就了。

俱乐部不是很大，但据说是英国最好的桥牌俱乐部，所以也经常有美国人来玩。有一次，来了一个美国人，等位时跟我聊了几句，得知我是学生，走的时候给了我50英镑的小费，说"你可以买本书"。

英国会员平时是不给小费的，因为到年底俱乐部会统一从会员那里扣一笔钱发给员工作为过节费，也可算小费。所以当时我不知怎么办才好，经理看见了，就让我跟另外两个女孩平分。我们共有三个女孩：意大利女孩、韩国女孩和我。三个人年龄相仿，相处愉快。

但这个人第二次来，又给了我一大笔小费。我不知他为何人，老会员们就告诉我，他拥有猫王的版权，非常有钱。可惜老外名字我转头就忘，甚至连模样也记不清了。

但他还是给了我很好的影响，特别是那句"你可以买书"。后来我自己有了点能力，去大凉山时看到那些好不容易有机会读书的女孩，就由衷地想伸出援手。

转眼我在俱乐部工作了两个多月。那天轮到我锁门，等客人都走后，我把工作室清理干净，锁上大门，一转头，看见美国青年布莱恩正站在街边抽烟。

我不太确定他叫什么名字，姑且叫布莱恩吧。他不是俱乐部会员，但也来玩过好几次牌，我对他有点印象。

他看到我出来，立刻掐灭烟，跟我打招呼，问我要去哪儿，我说我回学校。

"今天是周六,不该放松一下吗?"他说。

我摇摇头:"我还有很多功课要做。"

他看着我,沉吟了一会,说:"我能问你一个问题吗?"

"你从哪儿来?为什么要来英国?是要问这些吗?"

他笑笑:"你今晚有空吗?我带你去个好地方。"

我提不起兴趣,但还是礼貌问道:"什么好地方?"

"我一会要去见个大明星,你跟我一起去行吗?"

我有些意外:"大明星?多大?汤姆·克鲁斯?"

"比他大。"布莱恩只淡淡回答。

比汤姆·克鲁斯还大,那会是谁呢?我心里嘀咕,同时将信将疑。

我并不知道布莱恩确切是干什么的,但看他的神情又不像在说谎。我那时读传媒专业,业余时间恶补了很多欧洲电影,正沉浸在英式浪漫与法式浪漫的不同之中。难道是欧洲明星?他越不说,越勾起了我的好奇心。

"就你和我两个人去吗?"我问。

"不。还有两个女孩。"布莱恩说。

我一听有四个人,暗暗松口气,放下了警惕。低头看看自己,正是11月底,我穿了一件黑棉袄,还背着个大书包,而且刚刚打工结束,身上连一支口红都没有。就这样去见大明星,我忍不住笑了起来。

"如果你觉得我这样去见大明星可以的话,好,我去。"我说。

布莱恩也笑。

也罢,浪费一个晚上,大概也不是什么罪过。我心里想。

我到现在都觉得那个晚上很迷离。我不知道布莱恩为什么要叫上我,是临时起意希望人多壮胆呢,还是觉得明星喜欢姑娘呢?他那时站在门口是在等我呢,还是凑巧碰上呢?都是谜。

布莱恩显然不是我熟悉的带书卷气的校园男生,事实上,我对他一无所知。但我竟改变常规路线,跟他去赴了这个约。

我们先去接另外两个女孩。她俩出现时我心里喝一声彩。太漂亮了!

她俩都是模特,一高一矮,打扮精致。伦敦的深秋很冷,但她们穿得凉爽,身上的香水也很好闻。矮姑娘一头卷短发,穿紧身露膝连衣裙;高姑娘长直发,穿黑色长裤,更加瘦削。两人风格不同,但都妆容完美,显然做足准备。跟她们相比,我简直太潦草了。

我们四个人一同前往酒店。时间还早,我们坐在大堂沙发里等大明星。矮姑娘很喜欢说话,跟高姑娘说个没完,我跟她俩不熟,也没太多话可讲,就默默坐在一边。布莱恩在我旁边坐下,我本能地移了移。他却说:"安,你能不能替我做个事?一会他到了,我想请你上去迎一迎。"

我一听,连连摆手。明明有两个艳女,为什么叫我呀,我就是来看热闹的,怎能担此重任!"不行不行,我都不知道他是谁。"我说。

"他是奥马尔·沙里夫(Omar Sharif)。"

"谁?"

我这才知道要见的大明星是谁,但我从来没听说过这个名字,布莱恩卖了半天关子并没有收到预期效果,我差点想问他这名字怎么拼,但面对布莱恩同情的目光,我把问题咽了回去。

我事后补看了奥马尔·沙里夫的代表作,包括《阿拉伯的劳伦斯》(1962年)、《日瓦戈医生》(1966年)、《妙女郎》

《阿拉伯的劳伦斯》

(1968年)等。我承认，让他一举成名并获得金球奖的《阿拉伯的劳伦斯》的确是史诗巨作。他饰演的阿里虽是配角，但骑着马出场那段戏威风剽悍，令人难忘。

但当时，我真的完全不知道他是谁。

我不能否认我的孤陋寡闻。我出生时他早已过了鼎盛期。他的三部代表作都停留在20世纪60年代。但可能更重要的是，在社交媒体时代之前，中西方的文化交流实在是有隔阂的，中西方基本上是两套语系。比如当我跟同学们讨论电影，我常常需要先花点时间来确定电影的英文名称，因为中文名称与英文原名可能完全对不上号。

后来我在中东旅行时有一个强烈的感受，就是阿拉伯很多地区虽然冲突不断，但当地人都能用英语交流，没有太多语言的障碍。这可能一方面与殖民地历史有关，同时年轻人玩的社交媒体也与西方一致，这让他们对西方文化十分熟悉。

半岛电视台曾经在一次评论中，用了"自在"这个词。

评论说，中国软实力目前影响力仍然有限，一个最主要的原因就是，阿拉伯人民和政府担心在与中国打交道时不像与欧洲人和美国人相处时那样自在。这里面除了语言壁垒等因素，也因为阿拉伯与中国的文化和生活方式有差异。与西方情况不同，阿拉伯人尚不了解中国的教育体制，也不知道中国著名艺术家和学者的名字。

当教育体制不同，人文环境也有差异时，隔阂就容易产生。这可能也是美国企业里印度人高管远比华人高管多得多的原因。

扯远了。说这么多，是想为当时的自己辩解。我完全不认识奥马尔·沙里夫，但也没觉得有多难为情，相反说话还有些冒犯，比如我问他"您得过奥斯卡奖吗"，这让今天的我觉得很抱歉。

布莱恩见我不肯去迎，也就作罢。

这是我想不通他那天为什么叫上我的地方，因为我对他似乎没有任何帮助。我只顾着自己的好奇心，完全没有留意到他的紧张。想来布莱恩当时是有些紧张的，因为他组这个局是有正事要办。

等了大约一小时，男主终于到了。

布莱恩早早到酒店大门口去迎了。我从沙发这边看过去，大明星果然有明星样，高大挺拔，虽头发花白，然气宇轩昂，很像是当惯男主角的人。

我好奇地看着他，这时，旁边沙发上一位中年女士走上前向他致意，我隐隐约约听到她说话，美国口音，大意是很喜欢他的电影，没想到在这遇到他之类，而他则侧过脸予以友好回应。那姿态想必也是做惯了的。

他有70岁了吧，气质倒还不错，仍有巨星风范。我心里想。

我们都站了起来。布莱恩向他介绍我们三个。他漫不经心地点点头,说去那边坐会吧。

那边是酒店的酒吧区。我们围着一张小圆桌坐了下来。小圆桌和沙发椅都很低,我恰好坐在他右手边,两个模特则在他左手边。布莱恩在我右边。

他先给每人叫了一杯香槟,然后问我们要喝什么。矮姑娘说了一串葡萄酒牌子,最后选定一个说那是最好的。我听到他鼻子里发出了嘲笑声。

轮到我,我只要了一杯水。

不知怎么,布莱恩趁机又向他"隆重"介绍我,说我是在读传媒专业的学生。奥马尔·沙里夫几乎没等他说完,又毫不掩饰地嘲讽道——"哈,传媒。"

我微笑,并不以为忤,心里想,这是一个愤世嫉俗的大明星,已经过气,但气势还在。或许媒体挖过他很多绯闻令他又爱又恨,又或许,他想以此强调他对媒体的了解远比你们多得多。

我这么想着,就没太注意布莱恩说了什么。但感觉大明星对布莱恩的提议不置可否,甚至有些嗤之以鼻,因为矮姑娘提及好莱坞时,大明星不屑一顾的嘲讽语气又来了。

我到那时才慢慢捋清,布莱恩组这个局是因为他手里有个本子，跟桥牌有关，想请奥马尔·沙里夫出山，饰演其中一个角色，因为奥马尔·沙里夫不仅有名，还是桥牌高手，他曾是名列世界前50大合约桥牌玩家，曾经与伊朗国王打过牌，并为报纸写过好几年的桥牌专栏。

但显然，奥马尔·沙里夫对剧本不感兴趣，或者说对布莱恩不感兴趣。可能他已经对好莱坞意兴阑珊，又或许他一眼就看出布莱恩并不靠谱，不过是想利用他的名字罢了。

布莱恩也是奇怪，他要促成这个事，却似乎有意把姑娘们往前推，他自己坐得最远，也没见他努力说服沙里夫。倒是矮姑娘一直没闲着，一边喝酒，一边从好莱坞说到了她前任，还说她前任就是个渣男。

我正在琢磨这两个模特是否想借此寻找步入演艺圈的机会时，突然就听到沙里夫打断她，很不客气地说："对不起，你跟这个男人上过床、生过孩子，现在你却说他是渣男，你是在侮辱你自己。"

他说这话时声音不低，把我一下子从游离状态拉了回来，我感觉隔壁桌的人都停止了说话，转头向我们这里张望，以确认发生了什么事。还好酒吧区比较暗。他不怕被认出来吗？还是他不当红已经不在乎？又或者没有哪个明星会担心引起关注？

可能是喝了点酒，矮姑娘有些语无伦次，她申辩说，你知道，make love 和 have sex 是有区别的……

"哦，我不知道。"沙里夫嘲讽的语气又来了。

我吃惊地抬起头，往四周看了看，很迷惑怎么话题一下了变成了这个。不是在说好莱坞吗？

矮姑娘显然被激怒了。她把杯中酒一口喝掉，然后重重放下杯子，对着奥马尔·沙里夫说："你太不尊重女性了。"然后扬长而去。

高姑娘是她朋友，二话不说，也立刻追了上去。刹那间，圆桌聚会就只剩下我们三个人。空气有些凝固，我看向沙里夫，他显然有些受挫，像打了败仗一样，低头坐在那里。可能他也没想到事情会变成这样。

我看看手表，时间不早了，我也该回学校了。

我站起来，走到角落里拿起书包。我完全可以像高姑娘一样，一声不响地离开，但不知怎么我有些不忍。我看他耷拉着头坐在那里，就想他不过是一个老人而已。是我们巴巴地要见他，他也请我们喝了香槟，这样收场我感到有些抱歉，而且坦白说，作为女性，我竟然同意他的观点，我们可能难免都会遇到渣，但无论男女，把前任挂在嘴上不分场合地控诉，是一件不得体的事。

所以我犹豫了一下，还是走到他身边，低下身，对他说："对不起，我也要回学校了。"

没想到他一把抓住我,把我拉向他,并低声说:"不要走。"

我一时无措,不知如何是好,这时我听到布莱恩在我耳边轻声说:"我在门口等你。"

布莱恩刚走开,他就松了手,并恢复了常态。他站起身,对我郑重其事地说:"他不是好男人。"

我笑。他误会了,布莱恩跟我并不熟。

沙里夫继续道:"你知道他来之前跟我说什么吗?他说他带了三个女孩。"

我微笑。不语。

沙里夫见我不说话,不由分说就把他的大衣放我手里,说:"我上个洗手间,你帮我拿一下。"

我拿着他的大衣,等了很久。

正常人上厕所都不需要那么长时间,这让我很尴尬,走也不是,不走也不是。正当我在想要不要叫工作人员去看一下时,他终于出来了。他说:"我陪你走到大门口。"

果然,门口已经不见布莱恩。

"我说什么来着。他不是好男人,他都没等你。"沙里夫说。

我又好气又好笑。要不是他这么慢,我怎么会这么久。我跟他说再见,他却开口道:"我有点饿了,你陪我吃点东西吧。"

我们又回到酒吧区。已经快半夜,酒店只有三明治了。他几个品种都要了一份,我们边吃边聊,其实主要是我吃,他聊。

在经历了刚才矮姑娘的控诉之后,他好像忽然有了倾诉的欲望。一改之前略带夸张和嘲讽的口气,他开始认真地聊起了自己。

他说他痛恨好莱坞,他把后期他的电影都称为垃圾。

他说他见过周恩来。他说如果我跟他一起去埃及,会受到特别对待,因为埃及视他为荣耀。

他还说他只爱过一个人,就是他的前妻,其他都不是真的。

他前妻也是埃及演员,维基百科说,他为了娶她,还把宗教从天主教改为了伊斯兰教,当时是1955年,他23岁。

那为什么要离婚呢?我问他。

"我想那时她还年轻,还能再嫁。"他这样回答。

这个理由,在我一个帝国理工博士毕业的英国朋友看来非常高贵。他很熟悉奥马尔·沙里夫(这让我确信沙里夫在西方的确很红),他告诉我沙里夫以出手阔绰出名,给出租车司机小费一给就是50美元。但他好赌,输了不少钱,因此后来不得不接一些烂戏。

当我把这段经历说给他听时,他觉得十分有趣,对厕所那段更是哈哈大笑,认为相当"聪明",而对最后沙里夫邀请我去法国参加圣诞派对,而我竟然拒绝了,直呼不可思议,"没有一个西方女孩会这么做。"他说。

但我确实想都没想就说了不。沙里夫以为是因为钱,就说:"我可以支付你的路费。"

"不不不,不是因为这个。我有几篇论文要完成,恐怕没有时间。"我说。

他便不再说话。

我说的是实情,但在一个享誉世界的明星听来,大概也就是借口了,或许还会怀疑自己号召力不再。

但如果他知道,很多年以后,我会把这一面之缘写下来,并从他身上看到了一个演员的挣扎、对好莱坞的厌倦,以及老派男人的优雅,他或许就不会这么想了。

奥马尔·沙里夫是第一个在好莱坞电影中扮演重要角色的阿拉伯演员。

他在埃及出生并长大,拥有开罗大学数学与物理学学位。毕业后投身演艺圈,很快小有名气,并娶了埃及女演员哈玛玛为妻。1962年他30岁那年,因《阿拉伯的劳伦斯》红遍全球。这也是他的第一部英语电影。

他饰演的阿里现在被认为是"好莱坞历史上要求最高的

配角之一"。本来这个角色由一名德国演员饰演,但他不愿意戴棕色隐形眼镜来看上去更像阿拉伯人,还与制片方发生了争执,而导演大卫·利恩坚持要让电影更加真实。

沙里夫因此获得了机会。他后来这样说:"他们选择我出演《阿拉伯的劳伦斯》,是因为我会说英语,有一头黑发,一双黑色的眼睛,还有胡子。一切都是运气。"

运气还在于,《阿拉伯的劳伦斯》是为数不多的西方军事领导人承认和尊重阿拉伯人权利的电影。好莱坞一直是反阿拉伯的,拒绝阿拉伯人在主要电影中扮演角色,并将亲阿拉伯主题和叙事排除在外,在《阿拉伯的劳伦斯》之前,只有一部《出埃及记》,还充满了对阿拉伯人的敌意。

但奥马尔·沙里夫凭借其帅气的外表和独特魅力,扭转了这一做法,定义了好莱坞成功的阿拉伯裔面孔。他在影片中威风凛凛骑马的样子一下子就俘获了观众的心。

即便如此,很长一段时间,沙里夫都不得不模糊他的埃及演员身份。比如他会这么说:"我说英语、法语、希腊语、意大利语、西班牙语,甚至阿拉伯语。"媒体的报道里，也只突出他的外形和浓郁的异域风情。所以他在西方虽然很红，但很多人都不知道他来自埃及。这可能也得感谢他的语言天赋。

《阿拉伯的劳伦斯》取得口碑与票房双丰收，沙里夫因此赢得了奥斯卡最佳男配角提名和金球奖最佳男配角奖，以及金球奖年度新人男演员奖。这为他打开了国际大门。

不过，为了得到这个角色，他不得不与哥伦比亚公司签署了一份七部电影合同，每部电影只有5万美元报酬。

在几部不成功的电影之后，1965年他与导演大卫·利恩

《阿拉伯的劳伦斯》

再度合作,出演了又一部史诗电影《日瓦戈医生》。这部电影根据苏联作家鲍里斯·帕斯捷尔纳克的同名小说改编,小说在苏联被禁,但在西方出版,并获得了1958年诺贝尔文学奖。沙里夫扮演主角尤里·日瓦戈,一个诗人兼医生。

《日瓦戈医生》

这部电影同样大获成功,扣除通货膨胀因素后仍是史上票房收入最高的十部电影之一。沙里夫为此赢得了金球奖最佳男演员奖。

不过,随着声名鹊起,沙里夫的婚姻遭遇危机。

因为他需要不停地往返欧美,而当时埃及纳赛尔政府以"出境签证"的形式实施了旅行限制,这让他的行程常常受到阻碍,令他无法忍受。1965年他决定移居欧洲。这个决定让他失去了婚姻,尽管他和前妻后来一直都是朋友。

这是他人生的另一个重要转折点,他从一个有家的男人变成了一个常年住在欧洲酒店的坚定单身汉。

当谈及他在好莱坞的名声和生活时,沙里夫曾这样说:"它给了我荣耀,但也给了我孤独。让我非常想念自己的土地、自己的人民和自己的国家。"

与此同时,他的阿拉伯身份也让他在好莱坞的发展备受煎熬。

1967年6月,第三次中东战争爆发。以色列袭击了埃及、叙利亚和约旦,占领了约旦河西岸、东耶路撒冷、加沙、西奈半岛和戈兰高地。战争以以色列的压倒性胜利告终,对主要阿拉伯国家造成重大打击,整个阿拉伯世界和以色列的紧张关系也随之雪上加霜。沙里夫发现自己身处一个对阿拉伯人很不友好的行业。好莱坞接连推出了几十部电影,把阿拉伯人塑造成美国人仇恨的邪恶恶棍,并最终演变为恐怖分子。

种族主义一直困扰着好莱坞电影产业,沙里夫曾短暂地帮助扭转这种形象,但他很快就发现,他无法表达对巴勒斯坦和阿拉伯人权利的支持,他不得不避开一切政治活动,如果他还想在好莱坞混的话,如果他还想获得美国媒体和社会认可的话。

更为尴尬的是,他当时被选为主演浪漫喜剧《妙女郎》(*Funny Girl*),搭档是来自犹太社区的新人演员芭芭拉·史翠珊(Barbra Streisand),她是以色列的公开支持者。沙里夫后来在他1976年的自传中描述了幕后的紧张关系，他说："所有的投资都是犹太人的，工作室的氛围是亲以色列的，我的搭档是犹太人，大多数报纸都支持以色列。而我是埃及人。"

《妙女郎》

《妙女郎》的导演、美国犹太人威廉·维勒（William Wyler）则表示，"犹太人感到非常恐慌"，"1967年以色列和埃及之间的冲突让好莱坞的犹太人感到震惊"。

一些人想让沙里夫走人，另一些人认为沙里夫应该发表一份谴责埃及的公开声明。就连芭芭拉·史翠珊的母亲也公开宣称，她不会允许女儿"和任何埃及人一起工作"。制片人准备撕毁与沙里夫的合同，最后还是导演威廉·维勒出面为他辩护。

威廉·维勒曾执导《宾虚》《罗马假日》等影片，大名鼎鼎。他当时说："我们是在美国……因为演员是埃及人就不雇他，这太过分了。如果奥马尔拍不成电影，我也拍不成！"

为了应对美国犹太人社区和以色列的担忧，沙里夫同意在犹太人社区露面,以表达对以色列的支持,但不谴责埃及。《妙女郎》剧组还发布了一张沙里夫亲吻史翠珊的照片,这张照片在阿拉伯世界和阿拉伯裔美国人社区引起了轩然大波,埃及谴责这部电影,它在许多阿拉伯国家被宣布"立即禁止"。

而当沙里夫与史翠珊的恋情被埃及媒体踢爆后,他的埃及公民身份几乎被埃及政府收回。

这段恋情当时颇为火热,因其娱乐性和政治性,成了全球媒体的头条新闻。这也推动了票房销售,电影取得了巨大成功,成为1968年的票房冠军,并获得了包括最佳影片和最佳女主角在内的八项奥斯卡提名,史翠珊一夜成名,沙里夫在好莱坞的地位也得以巩固。

但现在来看,两人在拍摄期间传出的恋情更像是一种炒作,或短暂荷尔蒙。因为恋情只维持了四个月,拍摄一结束,两人便分道扬镳了。

史翠珊说,这部电影的浪漫情节让她神魂颠倒,"当导演喊停的时候,很难停止爱意。现实和电影混淆了,我想我们都一时糊涂了。"

沙里夫则回忆说:"我意识到我不可能恋爱,因为这段关系结束的时候并没有伤害到我。"

另一个看似不可能的原因是,芭芭拉·史翠珊当时已婚,而且是个完美主义者，在片场并不好相处。很多人认为她"自我""粗鲁""苛刻""控制欲强"。

有报道称，史翠珊总是迟到，经常让大家等她。她还会要求重新拍摄已经完成的场景，并试图控制制作的方方面面，从灯光设计到需要什么样的镜头，以及谁给她做头发。编剧伊泽贝尔·伦纳特（Isobel Lennart）曾把与史翠珊的合作描述为"一次让人泄气的、自我粉碎的经历"。

沙里夫也曾说："你要知道，她是一个来自布鲁克林的孩子……她不仅认为自己相貌平平，还觉得自己很丑。所以她拍摄《妙女郎》时很没安全感。这并不是谣言，她在拍摄《妙女郎》时制造了很多麻烦，服装、化妆等等。"

史翠珊长得并不漂亮，但才华横溢，很有表现力。她当时22岁，第一次拍电影。导演威廉·维勒说："她对任何东西都很在意，她非常在意自己的样子、摄影、相机、化妆、衣柜，还有她走路的方式、读台词的方式。"她每天都会回看拍摄画面，有报道说，有一次她让导演把站在她旁边的一个女孩挪开，因为那女孩太漂亮了。最终，那女孩的镜头全被删了。

不过她的直觉很好，导演威廉·维勒也说，她全身心地投入工作。"我更愿意和芭芭拉这样的完美主义者一起工作，她坚持在任何时候都尽自己最大的努力，并希望其他人都能做到最好，而不是一个什么都不在乎的明星。"

沙里夫并不是好脾气先生，女性观也很传统，加上当时政治气氛紧张，跟史翠珊又持对立立场，这样的两个人陷入恋爱，是件不可思议的事。

《妙女郎》拍摄结束，两人分手后都没伤心，各自展开了新的恋情。芭芭拉·史翠珊与很多男人传过绯闻，包括一些政要，以及后来的网球明星阿加西。她比阿加西大28岁，但阿加西说："那又怎样？我们很合得来，公众的强烈抗议只会给我们的关系增添趣味。"

据说英国王储查尔斯年轻时也曾迷恋芭芭拉·史翠珊，读大学时房间墙壁上就贴着她的海报。1974年，查尔斯还去参观了《妙女郎》的拍摄现场，并与她共度了20分钟。

而沙里夫的恋情名单也很长，包括英格丽·褒曼、索菲亚·罗兰、凯瑟琳·德纳芙等。他沉迷于一系列短暂的浪漫，是著名的情场浪子，只恋爱不结婚。但"不婚主义"往往是"没遇到合适结婚对象"的代名词，比如乔治·克鲁尼，曾是坚定的不婚主义者，但遇到人权女律师，还不是乖乖投降迅速进入婚姻。

沙里夫显然没有乔治·克鲁尼的幸运。他坚称哈玛玛是他一生挚爱，部分可能在于她代表了他在进入好莱坞前的单纯时光、他的原有文化。

哈玛玛在埃及挺有名，曾受到阿拉伯世界的爱戴，许多阿拉伯人希望沙里夫离开种族歧视的好莱坞，回到阿拉伯世界。没有什么比远离西方女人，回到前妻身边更具有象征意义了。

沙里夫与哈玛玛

70年代，美国总统福特把沙里夫介绍给埃及总统萨达特，使他与埃及重新建立了联系。沙里夫晚年曾表示，是他把萨达特和时任以色列总理贝京拉到一起，促成了萨达特1977年对以色列的历史性访问。

沙里夫的一生还与桥牌和赛马联系在一起。

70年代他开始沉迷于赌博。1978年，当BBC电台的荒岛唱片节目(Desert Island Discs)问及作为一名漂流者，他最需要的奢侈品是什么时，他说："我想我没有一副扑克牌就活不下去。"

为了打桥牌和养赛马，他开始疯狂接戏，只要能赚钱，不管角色有多可怕。他经常出现在法国的赛马场，他的马赢得了许多重要的比赛，但纸牌和赌场让他破产了。

在一夜轮盘赌中输掉75万英镑后，他被迫卖掉了他在巴黎的房子，并宣布："除了几件衣服，我什么都没有。我孤身一人，身无分文。要是我找到了那个合适的女人，一切都会大不相同的。"

他承认他的赌瘾很大，但他无法停止。他把这归咎于无聊和带着行李箱生活的孤独。他的经纪人已经习惯了沙里夫绝望的电话，求他给他工作，以便他能偿还紧急债务。

沙里夫后来说："毁了我事业的是我出演了一系列你不会拒绝的电影。它们出自优秀导演之手，但都是烂片。"

他讨厌那些角色。虽然他会六种语言，但他只能演外国人：苏丹、牧师、墨西哥牛仔或成吉思汗，这些角色都远谈不上丰满。事业走下坡令他脾气暴躁，曾经有一名女粉丝缠着他要一张照片，他却狠狠地打了她。

这次暴力事件令他声誉受损。1994年，他在巴黎豪华酒店房间里心脏病发作，极度痛苦，但他"想不出可以求助的人"。

此后，他戒掉了每天抽100根烟的习惯，还开始拒绝电影邀约，他悲伤地说，他已经失去了"自尊和尊严"。

"我对自己说，'让我们停止这些无稽之谈吧，我们这么做是为了赚钱。'我想，'除非我找到一部我喜欢的、让我想离开家去拍的电影，否则我就停下来。'在一部糟糕得甚至不值得探索的电影中，不得不进行糟糕的对话，面对一个不

知道自己在做什么的导演,这很可怕。"

　　一直到 2003 年,他的职业生涯才因《易卜拉欣先生》而短暂复苏。这部电影讲述了在 60 年代的巴黎,一个穆斯林店主与一个犹太青年成为朋友的故事。他因该片获得了法国凯撒奖、威尼斯电影节观众奖和电影事业金狮奖。

当时他说:"我有 25 年没有拍出一部好电影了。"

他还说:"当你年轻时大获成功,他们会为你写或改编剧本。但当你老了,坦率地说,你不再有票房。如果他们需要一个老英国人、美国人或意大利人,这里有很多演员。那我有什么机会呢?老阿拉伯人。这就是我在这部电影里扮演的角色。"

所以,我认识他的那个夜晚,恰好在他接演《易卜拉欣先生》之前,也就是他最灰暗的时候,这么一想,他的一些表现就很合理了。他愿意见布莱恩,想必也是在积极找剧本,可惜适合他的好本子不多。

但即便如此,他还是请我们喝了香槟。

其实那时他已经不再打桥牌。别人问他还玩吗,他认真地说:"当我不再足够优秀时,我就停止了。"他还说,他曾经对游戏充满激情,但现在,不想再成为任何激情的奴隶。

但他仍然有一颗骄傲的心,这让他尖锐、敏感、不耐烦,对世界充满嘲讽,与此同时,他又非常懂得反省。他的痛苦或许在于,他一直知道自己在干什么,只是即便如此,对生活也无法全然把控。

在我和他面对面交流时,他并没有提到赌场失意和当年曾卷入的政治冲突,可能对他来说,这些陈年旧事已不值一提，也可能他觉得对一个女生聊这些会很闷。作为曾经的一线小生，他仍习惯性地施展着男性的魅力，希望给女生留下深刻印象。

仔细想来，他应该是我接触的第一个阿拉伯人。但很奇怪的是，那个晚上我完全没有这种意识，可能这与他在欧洲生活了半辈子有关。

他在法国一直住到 80 岁以后。2015 年 7 月，沙里夫因心脏病发作在开罗一家医院去世，享年 83 岁。他与唯一的儿子塔里克和两个孙子一起度过了最后的时光。葬礼当天，他的灵柩覆盖着埃及国旗，西方媒体则把他称为"传奇演员"。

值得一提的是，他的前妻在同一年去世，比他早了半年。

英国《每日邮报》记者克里斯托弗·史蒂文斯曾这样评论奥马尔·沙里夫："他的故事可能是电影史上最悲伤、最孤独的故事，但它也充满了财富、崇拜和风流韵事。沙里夫挥霍了他的财富——包括与他唯一真正爱过的女人离婚、在赌桌上损失数百万美元、放弃辉煌的事业并爆发了暴力……他的生活似乎总是令人羡慕，但几十年来，他一直独自生活在巴黎或伦敦的豪华酒店里，每天晚上在赌场或酒吧里待到凌晨 5 点，即使回到埃及也不是回家，他仍然住在红海旅游胜地的一家酒店里。他的生活还是和以前一样,漂泊不定,孤独寂寞。"

这是一个好莱坞成功故事,也是一个关于孤独和反抗的故事。

当沙里夫因《阿拉伯的劳伦斯》红遍全球——这在20世

纪60年代初对一个阿拉伯演员来说并非易事——离开家乡时,应该没有想到闯荡好莱坞会让他承受一生的孤独,半世的流浪。

然而任何成功,可能都包含了身不由己的、痛苦的妥协吧。犹太作家休格说:"当你觉得家乡很甜美时,你还是一个新手;当你觉得每一个地方都像家乡一样甜美时,你已经是一个强者;而当你觉得所有的地方都是异乡时,你成了完人。"

当你历经世事成了完人,所有的地方却都成了异乡。

那天晚上,当我拒绝了他的圣诞邀请,他立刻陷入了沉默,情绪一下子就低落了。

我吃饱喝足,起身跟他告别。他把我送上出租车,并很绅士地付了车资。

  他可能转身就忘了这次交谈,但他着实改变了我对演员的看法。我看到了一个经历浮沉、有着丰富内心世界却又无从说起,但仍保持男主般风度的老演员,他直接、传统、复杂,但又迷人。

  "他是个了不起的家伙。"

  很多年以后,回顾两人旋风般的恋情,芭芭拉·史翠珊这么说。

后记

说到旅行，我很同意一个朋友的观点，那就是，中国是全世界旅游资源最丰富的国家，没有之一。无论是自然景观还是人文地理，中国都有其他国家无法比拟的多样性和丰富性。

这一点，在国内自驾游成为可能、旅行越发个性化的今天，感觉更为明显。

2020年，我去了一直想去的云南。在玉龙雪山海拔4680米处，我发现自己竟然没啥高反，遂决定从香格里拉出发，

珠峰沐浴在清晨阳光下

香格里拉大峡谷

开一段滇藏线,去拉萨,然后直奔珠峰。

这趟旅行,让我得以进入一些偏远地区,有一些新的迷人的发现。

奇林峡

比如位于滇藏线上的香格里拉大峡谷,藏在深山里,少有人知,但十分壮观,私下以为远胜美国很多国家公园。

又比如珠峰保护区内的奇林峡,那叫一个震撼,让人忍不住感叹大自然的鬼斧神工。

滇藏线

而且它一直在变化,跟它相比,美国大峡谷似乎不算什么。

当然,这两者也许并没可比性,因为地质地貌的差异,使得它们的结构完全不同。但一眼望去,你会更惊讶于奇林峡的奇妙。

还有道路。

一位过路人告诉我,他2011年走滇藏线时,路还很难走。但如今,滇藏线不仅路况完美,还可以一边驾驶一边听直播,网络信号很棒。这让我想起2015年我在美国本土最西北端驾驶时,一些地方别说网络,连广播信号都没有。

而且,现在走滇藏线不用再担心住宿,虽然你可能需要

做个规划,一天开多少路,夜晚停哪里。通常来说,从丽江走滇藏线到拉萨,需用时五天。

藏式建筑也极有特色。在香格里拉地区,藏民的房子很多都带玻璃顶,想来是为了保暖、透光和防御恶劣天气之用。这跟川西的藏民房子又不太一样,房子样式总是跟气候或经济条件相关联。

当然,我也发现,在很多地方尤其是山区,晚上开车非常吃力。这是因为山路通常漆黑一片,道路中间也没有分割线,更没反光片,道路边有沟渠却没震动带提醒你及时规避。而这些在美国的公路十分普及,这让在美开车容易很多。虽然近些年美国的道路不断老化,经常被诟病,但其基本装备仍然优越。也就是说,我们的基础建设仍有很大发展空间。

所有这些,都很让人感慨。

我们对于世界的认知充满偏见,往往源于我们看的太少。我们容易愤世嫉俗,也是因为我们见识太少。而旅行,恰恰是修正偏见的最佳途径。唯有见过那山、那海、那路、那人……我们才能更好地了解世界,而走得远一些,才能更好地看清自己。

旅行就是不断发现、学习、校正甚至颠覆自己的过程。发现世界的美妙，并对自己的家乡产生新的认识。很多我们认为理所当然的事情，可能并没有那么理所当然。

而且，不管你喜欢与否，旅行都会把你从你的舒适区拉出来，让你直面那些你不想面对的情况。但这不是一件坏事！你可能会发现，自己的能力远超你想象。而突发情况处理多了，自信心就强了，还能从中学会更简单本质地去生活，建立一种新的生活方式。

世界是一个无底洞，等待着你去挖掘。去旅行吧，这是对自己最好的投资。

图书在版编目（CIP）数据

单身旅行：带着偏见上路 / 姚安妮著． —— 上海：文汇出版社，2022.10
ISBN 978-7-5496-3827-7

Ⅰ．①单… Ⅱ．①姚… Ⅲ．①游记－作品集－中国－当代 Ⅳ．① I267.4

中国版本图书馆 CIP 数据核字（2022）第 122803 号

单身旅行：带着偏见上路

著　　者 / 姚安妮
责任编辑 / 徐曙蕾
图片编辑 / Ethan Xie
装帧设计 / 谢依宗

出版发行 / 文匯出版社
　　　　　　上海市威海路 755 号
　　　　　　（邮政编码 200041）
经　　销 / 全国新华书店
印刷装订 / 上海丽佳制版印刷有限公司
版　　次 / 2022 年 10 月第 1 版
印　　次 / 2022 年 12 月第 2 次印刷
开　　本 / 890mm×1240mm　1/32
字　　数 / 170 千字
印　　张 / 9.25
ISBN 978-7-5496-3827-7
定　　价 / 88.00 元